ジェンダーから見た日本語教科書

日本女性像の昨日・今日・明日

水本 光美

大学教育出版

はじめに

　本書では、「女ことば」、特に「文末に現れる文末詞としての女ことば」(以後「女性文末詞」という)と「日本女性像」という2つのテーマを扱っている。世の中には女性のみならず男性特有の文末詞も存在するし、なぜ女性像などと女性だけにフォーカスするのかという疑問を呈する人もいるだろう。確かにどちらも研究できれば言うことはないのだが、研究というものは自らの興味によって触発されるものである。私の場合は、長年日本語を教える教師としての視点から疑問を持ち、研究への意欲を触発されたのが「女ことば」と「日本の女性像」だったのである。かなり"いい年"になってから日本を離れ、それまで日本文化における女性の役割に疑問をもち、過去のジェンダー・イデオロギーからプレッシャーを受けながらも、やはり一般に求められる"日本女性の女らしさ"というものを背負って渡米し、アメリカで学んだ後、教鞭を執った経験から、こと「女であること」と「人間であること」の間で揺れ動き考えさせられることが多々あったということにも、起因するのかもしれない。

　しかし、それよりも、ジェンダーをクリティカルに考え、フェミニズムが浸透していた時期のアメリカの、それも PC、すなわち "political correctness"(ことばや行動などの表現に差別や偏見を排除しようとする政治的・社会的公平さ)という考え方によって、さまざまな差別的なジェンダーを表す用語が改正された時期に、東海岸の大学で日本語を教えた経験にも大いに影響を受けたこともある。11年のアメリカ生活によって、日本語がいかにジェンダー観念に束縛されており、日本語の教科書がいかにイデオロギーに圧迫された日本女性像を描写しているか、ということに気づいたことが、日本文化を客観的に"ソト"から見て考え、この研究テーマに取り組む動機付けとなったとも言える。このアメリカでの体験と帰国後の教育現場での気づきに関しては、本書の序章をお読み頂きたい。

　また、「なぜ今さら女ことばの消滅をことさら研究するのか」という疑問を持つ人もいるかもしれない。女性文末詞を代表格とする女ことばが若い世代から消

減し始めたのは1980年代末頃であり、90年代初頭からいくつかの研究によってその事実は報告されてきた。しかし、2000年代半ばになっても日本語教科書による女ことばの扱いに変化は認められなかった上、女ことばの減少は認識しながらもそれでもいまだにポライトネスの目的などで使用する状況がある、という意見が日本語教育者の大半を占めていた。

筆者の研究対象は、これからの日本社会をつくっていく若い世代である。それゆえ、例えば、女ことばは、若い世代では特殊な使用法以外は普段はまったく使用しないということを確認することにより、教科書制作・改訂や現場での教育に活かしたいという思いがあった。また、若い世代は着実に男女の壁を取り払い、男女の役割分担的考え方を再考していっているにもかかわらず、日本文化を外国人学習者に伝える役目も担っている教科書に描かれる日本女性像は、まだ数十年前の古いステレオタイプであった。なぜ、教科書は変わらないのか、教科書を変えたい、という思いからさまざまな実証実験や調査を実施し、その根拠を提示する必要性を強く感じたのである。

本書はデータ収集による統計結果を多数紹介することによって読者の理解を得ようとしている。世の中には主に「定量的研究」と「定性的研究」の2通りの研究アプローチが存在するが、どちらの要素も研究には必要である。しかし、自らの考えを立証するためには、どれほど会話分析を試みても、どれほどインタビューを試みても、その傾向が具体的にどれ程存在するのか、また、それがどれ程ある程度の傾向として認識されるかということを立証できなければ、ともすれば、「そのような傾向が多いようだ」「そのようなケースがある」という曖昧さを残した主観的観測に陥ってしまいがちである。1975年にアメリカのロビン・レイコフ（Robin Lakoff）がその『英語における女の地位』（Language and Woman's Place）において、英語における女性特有の話し方の画期的な談話分析を行い社会言語学という研究分野を確立したが、残念ながらデータに基づく根拠が提示されなかったため、単なる主観的観測として後に批判を浴びたのが良い例である。

したがって、本書ではまずは定量的にさまざまなデータを提示し、それを客観的に分析することによって本質を見極めようとするアプローチをとっている。社会学的には本書のデータ量は充分とは言えない面もあろう。本書の研究が多数

の自然会話（1組30分、合計66名分）やロールプレイ（1組15〜20分、合計58名分）を収録しそのスクリプトをおこし綿密に手作業で集計した結果を分析し考察、また会話参加者全員に実施したアンケート調査結果を集計・分析するという過程を経ていること、また60冊の教科書や関連教材を綿密に分析し、その結果を観察・考察するにも膨大な時間と労力を要したということをご理解願いたい。しかし、データと言っても、本書で扱うものは難解な統計学の知識を必要とはせず、例えば、大学院生はもとより言語学や言語教育学を学ぶ一般の大学生にも充分理解できる範疇にとどめてある。図を多数示したのは、一目見て理解できるという効力を意図してのことである。

　本書は長年の研究成果に基づくものではあるが、現場で教える日本語教育関係者に現代日本社会の実情を示し、今までの多数の日本語教科書をはじめとする教材の中に、いかにジェンダーが潜んでいるかについて認識して頂くことを第1の目的として書かれたものである。第2の目的は、それらが現代日本社会の現状を正しく反映しているかどうかを日本語教科書と現在社会の実情を表すデータ分析結果を比較することによって観察すること、さらに、日本国内の日本語教師等対象のアンケート調査結果をみながら、これからの日本語教科書のあり方を共に考えようとすることを第3の目的としている。そのような意味で、本書の副題を「日本女性像の昨日、今日、明日」とした。

　本書は次頁のような構成によっている。

　本書を手にとる人びとが何かの発見をし、今後の日本社会における女性のあり方を考え、教育の中にその発見を活かす何かのきっかけとなればと願っている。

A. 現代日本社会における女性の普通体によるカジュアルな自然会話分析：
女性文末詞の使用実態調査結果と分析

B. 日本語教科書・教材研究1：
若い世代の女性登場人物の女性文末詞使用状況分析

A.とB.の比較分析と考察

C. 日本語教科書・教材研究2：
教科書に描写される日本女性（家庭内・職場）、女性の職業・職位、日本の家族像に関する分析

D. 現代日本社会における女性に関する実態調査結果の紹介：
日本女性（家庭内・職場）、女性の職業・職位、日本の家族像に関する統計結果の考察

E. 日本語教育関係者へのアンケート調査：
教科書の中の女性文末詞の取り扱いと女性像の描写に関する調査結果の分析と考察

F. これからの日本語教科書：
ジェンダーの観点から見た教科書の問題点と
ジェンダー・フリーを目指す教科書の具体的一提案

ジェンダーから見た日本語教科書
— 日本女性像の昨日、今日、明日 —

目　次

はじめに ………………………………………………………………… i

序　章　日本語教科書は日本文化への入口 ……………………………… 1
　1. 現代の若者世代の変化による"きづき"から　1
　2. 海外で教えた経験から　4
　3. 教科書や教師が学生に与える影響　5

第1部　女ことばは若者から消えてしまったのか：女性文末詞の行方

第1章　女性文末詞の使用実態状況 ………………………………………… 8
　1. 女性文末詞とは　8
　　1.1. 女性文末詞とその特徴　8
　　1.2. 女性文末詞の衰退傾向　11
　　1.3. 先行研究の課題　14
　2. 調査方法：20代から40代までの自然会話収集　15
　　2.1. 女性文末詞使用率の算出基準：二項対立表　15
　　2.2. 自然会話収集と分析法　18
　3. 調査結果：若い世代からの女性文末詞消滅傾向　19
　4. 若い女性が女性文末詞を使う時、使わない時　21

第2章　4世代の主張度の高い女性文末詞使用実態状況 ………………… 26
　1. 主張度の高い女性文末詞とは　26
　　1.1. なぜテレビドラマ研究か　26
　　1.2. テレビドラマにおける主張度の高い女性文末詞　27
　　1.3. ドラマの主張度の高い女性文末詞率と使用場面の特徴　32
　2. ロールプレイ会話による主張度の高い女性文末詞　35
　　2.1. なぜロールプレイなのか　35
　　2.2. ドラマと同年齢の女性によるロールプレイ会話調査と分析結果　36
　　2.3. 20代から50代までの女性によるロールプレイ会話調査と分析結果　38

3. 主張度の高い女性文末詞使用の年代変遷　*43*
4. 若い女性が使用する文末詞の特徴と女性文末詞の将来　*46*
　4.1. 先行研究の課題と本研究の位置づけ　*46*
　4.2. 高主張度文脈における使用文末詞調査：ロールプレイ実験調査　*47*
　4.3. 女性文末詞の将来　*54*

第2部　日本語教材は現代日本女性のことばづかいを反映しているか

第3章　日本語教材における女性文末詞の使用実態調査 …… *60*
1. 調査方法：若い世代の女性キャラクターの女性文末詞使用　*60*
　1.1. なぜ日本語教材か　*60*
　1.2. 先行研究の概要　*61*
　1.3. 研究対象と研究方法　*62*
2. 調査結果：初中級の日本語教科書、聴解教材、試験の聴解問題　*64*
　2.1. 調査結果と分析　*64*
　2.2. 女性文末詞の提示例と例文　*70*
　2.3. 教材における主張度の高い女性文末詞　*75*
　2.4. まとめ　*77*

第4章　日本語教材が学習者に与える影響 …… *82*
1. 日本語教材の言語的問題点　*82*
　1.1. 起こり得る危険性　*82*
　1.2. 実験調査：女性文末詞を用いる会話練習をさせたら　*83*
2. 今後、求められること：教育現場と教材制作　*86*

第3部　日本語教科書に描かれる女性像は現状を反映しているか

第5章　日本語教科書が伝える日本女性像 …………… 92
1. イラストによって描かれる日本女性像　*92*
    1.1. イラストの効果と教科書研究の目的　*92*
    1.2. 先行研究の概要　*94*
2. 家庭における女性の役割：専業主婦　*95*
    2.1. イラストが描く専業主婦　*95*
    2.2. 教科書のデータ　*98*
3. 職場における女性の役割：一般職と事務職　*100*
    3.1. 男性ばかりの職場　*100*
    3.2. 職場の女性　*100*
    3.3. 教科書のデータ：女性の職種と職位　*103*
4. 社会における女性の役割：サービス業　*105*
    4.1. 女性の職業：男性との比較　*105*
    4.2. 男性に占められる教授と医師　*107*

第6章　現在の実社会における女性の姿 …………… 111
1. 家庭における女性の役割：非専業主婦　*111*
    1.1. 共働き世帯と専業主婦世帯の割合　*111*
    1.2. 既婚女性の就業率　*113*
2. 職場における女性の役割：総合職と専門職　*114*
    2.1. 事務職と専門職の割合　*114*
    2.2. 総合職と一般職の割合　*115*
    2.3. 管理職の割合　*117*
3. 社会における女性の役割：医療と教育関係　*118*
    3.1. データに見る女性の職業：医療分野　*118*
    3.2. データに見る女性の職業：教育分野　*122*

第7章　日本の家族像 …………………………………………………… *126*
　1. 日本語教科書が伝える家族像　*126*
　2. 日本の実情を伝えるデータにみる家族形態　*128*

第4部　日本語教師は教科書が伝えるものをどう考えているか

第8章　日本語教師に対する意識調査 ………………………………… *134*
　1. 調査目的　*134*
　2. 調査方法　*135*
　3. 調査結果：現代の若者の女性文末詞使用状況に関して　*138*
　　3.1. 若い世代による女性文末詞不使用の実態認識　*138*
　　3.2. 教科書における男女別女性文末詞の使用　*139*
　4. 調査結果：家庭内と社会における女性の役割に関して　*145*
　5. 調査結果：日本の家族像に関して　*147*
　6. 調査結果：ジェンダー問題に配慮した教科書制作の必要性　*149*

終　章　これからの日本語教科書 ……………………………………… *154*
　1. これまでの教科書の問題点　*154*
　2. 伝統的なステレオタイプか現実と将来を見据えた姿か　*156*
　3. これからの教科書への一提案　*158*
　　3.1. 女性文末詞の扱い　*158*
　　3.2. 家庭や社会における日本女性像：役割と女性の職業　*158*
　4. ジェンダー・フリーを目指して　*163*

初出一覧 …………………………………………………………………… *166*

引用文献 …………………………………………………………………… *167*

参考文献 …………………………………………………………………… *172*

あとがき …………………………………………………………………… *174*

序　章

日本語教科書は日本文化への入口

1. 現代の若者世代の変化による"きづき"から

　もう20年以上前のこと、90年代初頭の夏、東京の山手線の中でのことだった。アメリカのニュージャージー州のプリンストン大学で専任講師として日本語を教え始めて間もない頃だった。筆者は、日本を離れて数年は経っていたが、毎年、夏休みには帰国して懐かしい日本文化の香りを満喫していた。その日、山の手線に乗ってうつらうつらしていた時、前に立っていた大学生らしい若い女性2名の会話が耳に入ってきて、驚いた。彼女らは、自分がそれまで普通に使っていた文末表現をまったく使わずに話していたのだ。それは、女ことばの代名詞とでも言われる文末表現（以後「女性文末詞」という）で、「あの映画、彼と見にいったわよ」「それが、ガラガラだったのよ」「あら、2人っきりの劇場？　いや～ね」「なんだか、恥ずかしかったわ」… など、文末の「わよ」「のよ」「ね」「わ」などの女性特有の助詞である。その女性文末詞が、その女子学生たちの会話からは一切聞こえてこなかったのだ。

　それほど若くもない筆者でも、マンガや小説の中の女性のように、常に女性文末詞を使っていたわけではないが、それでも、その女子学生たちの話し方には新鮮なショックを覚えた。そこで、次の駅で降りる予定を急遽変更して、そのまま彼女たちの会話の文末表現に耳を傾けることにした。5駅ほどの間、一度も彼女たちは女性文末詞を使わなかった。彼女らが降りて行った後も、筆者はそのまま電車に居座り続け、20代だと思われる若い女性たちの会話に続けて耳を傾けた。女性同士、男女の友だち同士、カップル、母と娘、というように、さまざまな組

み合わせの会話の文末表現に耳を傾けた結果、20代の女性たちの文末からは女性文末詞が消滅しているという強い印象を得たのであった。

　この新鮮な衝撃をアメリカの大学の上司に話したところ、上司も冬休みに東京に帰った際、早速、若い女性たちの会話を観察し、筆者の"きづき"を確認した。その頃、プリンストン大学では、日本語の教科書は1962年に出版されたエレノア・ジョーダン（Eleanor Jorden）の『Beginning Japanese』をまだ使っていた。いわゆる「オーディオ・リンガル・メソード（Audio-lingual Method）」と呼ばれる教授法に基づいて作成された、アメリカでは長年のベスト・セラーの教科書だった。東京の山の手言葉をお手本に会話が作られており、当然、女性は老いも若きも皆、「女ことば」を使っている教科書である。

　それまで我々は、その教科書どおり、女性文末詞オンパレードの会話は、それが若い女性の会話であっても学生たちに話す練習までさせていた。しかし、この山手線での経験から、上司と話合いの末、それ以後は、若い女性の会話からは女性文末詞を削除して教え、上の年代の女性たちが用いる女性文末詞や小説の中のそれは、聞いたり読んだりして理解できるだけとした。もちろん、プロフィシェンシー（proficiency 熟達度）を重視する教授法をとっていた我々が、新しい教科書を作成するに越したことはなかったのだが、教科書作成には時間がかかるもの。当座の応急処置として、それ以後は、プリンストン大学の女子学生たちの会話練習からは女性文末詞は消えていった。そして、少なくとも1996年6月に筆者がプリンストン大学を去るまで、若い女性による女性文末詞抜きの方針は続いた。

　その年の9月から、筆者はマサチューセッツ州のハーバード大学にて教鞭を執ることになった。日本語学科で使用していた初級教科書は、同じE. ジョーダン作で1987年出版の『Japanese, The Spoken Language』であった。前書の『Beginning Japanese』と比較して内容は時代の変化に合わせて、かなり更新されていたが、やはり、女性文末詞は同様に若い女性の会話においても使われていた。そこで、筆者は中級と上級の日本語のクラスを受け持ったのだが、初級で女性文末詞を学んできた学生たちに、日本の現状を伝え、若い世代の考え方や行動だけではなく、それに伴いことばも徐々に変わっていっていることを伝えた。

　筆者が帰国したのは、2001年に日本国内の大学で留学生教育に携わるためだっ

たが、受講生の大半が中国人である国内の大学の学部留学生らの授業において、彼らのロールプレイを初めて見て真っ青になった。アメリカで若い女性から女性文末詞が消滅していることを過去10年程教えてきたにもかかわらず、なんと、そこでは、会話練習の中で女性文末詞を使った女子学生が多数いたのである。彼らが来日前に学んできた初級教科書は中国でかなり昔に出版されたものであったため、教科書には、女ことばが多用されていたのだろう。中国で教えていた教師らも、また、現代の若い世代の変化を認識しないまま教科書どおりに教えてきた結果であろう。

　また、これは海外で教える教師たちだけの話ではない。筆者が教えていた学部のキャンパスには多くの日本語の非常勤講師が来てくれていたのだが、その頃はまだ、彼らさえも標準語における若い女性たちのことばづかいの変化をさほど認識していない状態だった。地方に住んでいれば、テレビなどで東京の番組やテレビドラマや映画の字幕および吹き替えなどの中で標準語には接してはいたのだが、それらの中では、当時は、若い女性たちが頻繁に女ことばを使っていたこともあり、よほど、興味でもない限り、文末表現にはさほど注目しないのは当然のことであろう。

　また、学生たちにしても、日常生活上、アルバイトや部活などを通して聞いたり話したりするのは、地方の方言であるため、標準語を使用するのは、いわゆる「です・ます体」での会話だけであり、方言を使ういわゆる「普通体」で話す「タメ口」では、標準語の出番はないのである。

　90年代初頭から、そのような経緯を経て2000年初頭までの10年以上に渡る経験と実感から、筆者は徐々に若者ことばにおける文末詞、特にその頃、消滅しつつあった女性文末詞研究に興味が傾き、まずは、2000年代半ばに現代の標準語を話す若者の自然会話を収集し、女性文末詞の使用実態調査に着手した。その調査結果を踏まえ、2000年代後半はテレビドラマの中の女性文末詞に関する研究、脚本家の意識調査、その研究結果を足がかりとして、日本語教科書をはじめとする日本語教材における女性文末詞に関する研究に着手し、さらに、次に述べる経験から、教科書の中に描かれる日本女性像を研究するに至ったのである。

2. 海外で教えた経験から

　90年代初頭からアメリカの大学で日本語を教えていた筆者だが、それ以前にアメリカの大学院に留学するまでは、日本文化をしっかり背負っていた日本女性であった。もう若くもなかったため、日本女性に求められる「らしさ」や「～べき」などのイデオロギーに束縛されていた、というより、束縛されていたということさえ感じたことがなかったほど、「女らしい」「女として～べき」という観念にかなり影響されていたと思う。

　アメリカの大学で教え始めて最初の1年が終わったとき、学生による授業評価の中のあるコメントに衝撃を受けた。女子学生だと思われるが、そこにはこう書いてあった。「日本語の先生方は"sexists"だ。日本女性はこんなに差別されながらも、なぜ平気なのだろうか」。すなわち、我々日本女性教師（その頃は女性教師しかいなかった）は「差別をされる立場でありながらも性差別主義者である」という批判だった。我々には思い当たる節はなかった。しかし、よくよく考えて見ると、彼らがそう受け取ってしまったのには、我々の教え方に原因がなかったとは言えない。

　我々日本語教師は、言語を教えることのみならず日本文化を伝える役割も担っている。ともすると、我々は教科書に描かれている日本女性像をそのまま学生に伝えてしまいがちだ。「日本の家庭のお母さんは専業主婦で、掃除、洗濯、炊事、買い物、子供の世話、それからお父さんの世話など、家事を全面的にしています」などと、実は言ってしまったではないか。「お父さんの会社で働く女性たちは主にOLと呼ばれ、お茶くみ、電話の応対、受付、コピーなどの仕事を主にします」などとも言ってしまったようだ。すべて教科書の会話や挿絵で表現されているとおりに、正しくそのまま伝えたつもりだった。しかし、学生たちにとっては、教師は単なる事実の伝達者ではなく、それに同意する支持的存在として受け取らざるを得なかったに違いない。

　「現状は、残念ながら、そのような場合がマジョリティではあるが、私はそのような状況を肯定はしていない。能力ある女性が男性同様に認められ、進出できる社会でなければならないと考える。まだまだ障害は多いが、女性も能力があれ

ば社会進出して行っている側面もある。男性の中にも家事を積極的に手伝っている場合もあるし、職場でも女性によるお茶くみを廃止しようとする動きもある」などと、思っていることを積極的に伝えるべきだったのだ。教科書の内容の安易な伝達をして正しく伝えたと思っていた我々に、その学生のコメントは確実に警鐘を鳴らしてくれたのだった。

　そのことがあって、筆者は、ただ現状を正しく伝えるだけではいけない、現状を改善するために人びとがどのような努力をし、どのように戦い、そしてどのように変わっていきつつあるかを正しく伝える存在でなければ、単に過去にしがみつく伝達者に終わってしまうのだ、ということを痛感した。それ以来、筆者は日本文化における「ジェンダー」という概念に注目し、教科書の中の女性の描かれ方をクリティカルに観察し、単に教科書の内容を伝えるだけではなく、自分の考え方や意見をも含めての現状把握、さらに将来への課題や、男女差別を撤廃するための多くの試みや闘いを学生たちに伝えるようにした。それに加えて、帰国してからの経験も経て、日本語教科書の中の「ジェンダー」に研究の興味が移っていったわけである。

3．教科書や教師が学生に与える影響

　日本語教科書は、学習者が日本語学習を通して日本文化や日本人をはじめ日本のさまざまな様相を知る重要な役割を果たす。多くの場合、学習者にとっては教科書の中の世界が日本を知る初めての経験となる。ことに海外に暮らす学習者に対して教科書は日本文化への入口的存在であるため、教科書が与える影響は多大である。万が一、教科書が伝える日本語や日本社会の姿が現実とは異なっていれば、学習者は現代には不適切な日本語使用法を学び、日本社会に対する間違った印象を持つこととなる。同時に、その教科書を用いて教える教師から学習者へ与える影響も大きい。そのことばづかいのみならず、態度や考え方も学習者は敏感に感じ取り、教師そのものを日本人の特徴として受け取りがちである。

　アメリカの学生たちが我々日本語教師を「性差別主義者」と受け取ったように、実際に日本文化や日本人に接することが少ない海外での学習者にとっては、日本語の授業は、ある意味では日本文化を体験する場であり、日本語教師は日本

人の代表として見られる。それゆえに、過去の因習や伝統に固執し、変化しつつある現象に着目せず将来への動向も意識せず、ただ社会の大半が"今までそうであったから"と過去の姿に捕らわれた日本を伝え続ければ、それがあたかも現在も将来も"変わらない"日本の姿であり、教師はそれを肯定する日本人の代表と学習者は理解してしまうのである。

　確かに、現代はインターネットでさまざまな写真や動画など生きた素材を見ることによって生の外国の姿を知ることができる。日本の小説やマンガやアニメなども海外で好んで読まれる時代だ。それらに接することにより、日本の姿から日本人の考え方まで、ある程度は知ることもできるだろう。しかし、そのような情報は、ともすれば断片的であり、フィクションの世界であったりもする。"生の日本人"との接触から受けるインパクトには、とうてい及ばない。教師は学習者にとっては、まさに"生の日本"を知るための日本の代表者なのである。

　一方、日本国内で教える教師であっても、同様に学習者の観点からは、教師は日本国内でうまくやっていくための知識の供給者であり、良いお手本であると見られている点がある。例えば、前述の、14年程前に所属学部の留学生1年生の日本語の授業で、学生達に普通体でのロールプレイをさせた時、女子学生が女性文末詞を使用した話にしても、それに疑問を持った教師が他にいなかったばかりではなく、他に誰も正しい情報を伝えて訂正しなかったという事実。このことからも、教科書に書いてあることがすべて正しい情報ではあるとは限らないため、教師はその情報をただ伝達するだけでは、もしかしたら間違った知識を学習者に与えてしまっているかもしれないのである。

　多くの心ある教師等は「教科書をどう使うかが教師の力量」とは言うが、こうして地方にいて関心が薄ければ、標準語の変化を認識することなく教科書のままに古い情報を教えてしまうことはよくあるケースである。教師経験の浅い人ならば、とりあえずは教科書どおりに教えようとしがちでもある。よって、どのような人でも教える訓練を受けた人であれば、難なく教えられるように、信頼し得る情報が提供できる教科書が望まれるのである。それゆえ、教科書を作成したり、新バージョンに改訂する際には、扱う内容だけではなく、ことばの使い方や人びとの描かれ方に更に最新の注意を払う必要があるのではないだろうか。また、我々教師は、自らの役割を認識して常に変わりゆく文化や言語を直視し、過去、現在、将来の日本を伝えることができる存在でなければならないのである。

第 1 部　女ことばは若者から消えてしまったのか：
　　　　　女性文末詞の行方

第1章

女性文末詞の使用実態状況

1. 女性文末詞とは

1.1. 女性文末詞とその特徴

　ごく親しい友人や家族間におけるカジュアルな会話（いわゆる「ため口」と言われるくだけた場面における口語体の会話）の中で通常使用されると言われてきたのが、「女ことば」や「男ことば」である。これらがつくる日本語の男女差は、日本語を特徴づけるものの代表格として従来取り上げられてきた。実際に、日本語を外国語として教える日本語教科書や聴解問題などの会話にも、しばしばこの男女差は強調され、とりわけ男女の性差を明示的に弁別する文末詞はよく利用されている。

　従来の女性特有の文末詞の代表格として、「わ」「かしら」「(体言)＋よ」「の[1]」等があげられる。「わ」や「の」には、助詞「よ」「ね」「よね」がつき、「わよ」「わね」「わよね」「のよ」「のね」「のよね」とそれぞれバラエティを持つ。

〈女性文末詞例〉
a. ごめんなさい、私、やっぱり行けない<u>わ</u>。
b. 私もここに座っていい<u>かしら</u>。
c. 約束、忘れないでね。金曜日<u>よ</u>。
d. 母が入院した<u>の</u>。
e. 来た<u>わよ</u>。だって約束したじゃない。
f. これ、あやしい<u>わね</u>。
g. もちろん、一緒に行く<u>わよね</u>。

h. そうそう、私も変だと思ってた<u>のよ</u>。
　　i. そういう訳だった<u>のね</u>。
　　j. 仕方ない<u>のよね</u>。

　ここに挙げた女性文末詞の中で「わ」は、言うまでもなく文末で女性に使用される音調が上昇形のものである。しばしば混同される下降調の「わ」は、上昇調の「わ」と同じく詠嘆、感動を表すが、男性にも用いられる。上昇調の「わ」の方は、詠嘆や感動以外にも、軽い決意や主張を表す点で、下降調の「わ」とは異なる。

　〈下降調の「わ」の例〉
　　a. よく言う<u>わ</u>、そんなこと。
　　b. 新幹線は止まる<u>わ</u>、エアコンが止まって暑くて蒸す<u>わ</u>で、さんざんな目にあったよ。

　小川早百合（2004: 27）は、辞書説明に従い、典型的な女性語とされるものは「わ」と「かしら」であるとしている。マグロイン花岡直美（1997: 40）は「"わ"や"の"は相手との距離を縮めようとする所にその女らしさがある」としている。
　これ以外にも、「お嬢様ことば」の起源とされるいわゆる「てよ・だわ言葉」の代表格である「てよ」「だわ」「こと」も女性特有の文末詞として挙げられる。これらの表現は、明治時代の女学生の間で流行ったものであるが、尾崎紅葉はじめ当時の知識階級やジャーナリストたちからは、山の手の下層階級や下級芸者の卑しいことばであると批判された（金水敏 2003: 146-147）。にもかかわらず、「よくっ<u>てよ</u>。知らない<u>わ</u>」「大事な所帯<u>だわ</u>」「いつまでも、こうしていとうございます<u>こと</u>！」などのように夏目漱石、泉鏡花、徳冨蘆花などの小説[2]にも頻繁に用いられ（金水 2003: 153-157）、明治30年には若い女性の間では完全に定着し、明治40年頃には夫に対する妻の言い方としても充分な資格を有する東京都となった（石川禎紀 1972: 26-27）。しかし、「てよ」と「こと」は、戦後70年代あたりから少女マンガの中の「お嬢様ことば」として一種の役割語としてしか使われなくなってしまった（金水 2003: 168）。したがって、現代の日本社会では、年代を通じて聞かれなくなっている旧女性ことばであるため、本書では研究対象として取りあげていない。
　女性文末詞や男性文末詞（文末に「だ」「だよ」「ぜ」「ぞ」などが付加される文末表現）は、日本語の男女差を示す代表格として長年認識され、小説やマンガ

や映画などにも積極的に使用されてきた。ことに、女性文末詞を代表とする"女ことば"は1940年代初頭に日本が第二次世界大戦に突入後、中村桃子によれば、「日本語のみに見られる特徴であり日本語の優位、ひいては日本の優位を示しているという主張が発生した」(中村2007: 211)。女ことばは女性による敬語使いとともに、菊澤秀生、石黒修、金田一京助をはじめとする国語学者らによって"きれいで上品""丁寧で婉曲""一人前の日本婦人となるには、伝統的な日本婦人語…"と表現されて言説を生み、それが作法書にも大きな影響を与えて女のことばづかいの特徴として繰り返し語られただけではなく、女のことばづかいの規範とされていったのである(中村2007: 204-207, 212-213)。こうして、女ことばは、男の言語を基準とした国語の文法書の中に例外として記述され、男が用いてはならない言語として強調され、中村の言う「国語のジェンダー化」が確立されたのである(中村2007: 283-285)。

このような女ことばのイデオロギーは、戦時中、"イエ"を守り国のために子供を育てる模範的な日本女性像を強固なものとし、占領下の植民地における日本語教育にも利用されたわけであるが、戦後の激変的な社会変化をも乗り越えて維持された。中村は、戦後に出版された小学生用の国語の教科書(『太朗と花子国語の本』(1951)において「人称詞と文末詞を中心とした言葉の性差を教授し続けた」ことを例示し、女ことばは戦後も学校教育の中で再生し「国語には女ことばがある」というイデオロギーを支え続けたと解説している(中村2007: 296-301)。

女ことばは、東京の山の手の中流女性が実際に使っていた、いわゆる「山の手ことば」に基づいていると考える説と、中村による説、「戦中期に"教育ある東京人"という"国語"の定義に合致した女ことばの要素が"標準語"に取り入れられたため、方言や中流以外の社会のことばを排除した国語が、必然的に東京の山の手の中流女性のことばづかいと結びついた」(中村2007: 263-264)の2通りがあるが、筆者は後者を支持している。筆者自身は高校時代までは関西や九州北部で育ったため、方言を主体とした話し方をしていたが、大学生になり上京してからは、意識的に標準語の女ことば、特に女性文末詞を使用するように努力した経験がある。もちろん、地方出身の男性も標準語の男ことばを模倣し"東京人"らしく話せるように習得しようと努めたが、こと女性にかけては"女らしさ"がかかっていたため、このようにこの標準語の女ことばに関するイデオロギーは、

筆者のような地方から上京してきた女性に多大な影響を与えていたわけである。

しかし、戦後の男女平等の波は、徐々にそのイデオロギーを揺るがしていった。遠藤織枝（1997）は、1980年と1986年にNHKが実施した現代日本人のはなしことばに関する調査[3]を紹介しているが、80年の調査によると「女性のことばが荒っぽくなった」と回答した人が68％で「男女のことばづかいの違いに関して『はっきり違っているのがよい』『多少違っているのがよい』を合わせて80％以上に及んでいた」と報告している。また、86年の調査において、「女性のことばが荒っぽくなった」と回答した人が53％に減少したことから、「ことばの変容は歴史的な流れに沿っているもので、急にその変容にブレーキがかかったり逆行することはないから、社会が女のことばに慣れ受け入れるようになったのだろう」と分析している（遠藤1997: 172-174）。筆者の体験から考えても、80年代終わり頃には、若い女性たちは従来の女性文末詞以外にも自然に男性文末詞をも用いる話し方をし始めていたという認識がある。

1.2. 女性文末詞の衰退傾向

90年代に入り、女性文末詞の衰退傾向に関する研究が発表され始めた。まず、鈴木英夫（1998）は明治前期から昭和後期にかけての文学作品中に見られる女性文末詞を調査分析したが、明治以後、女性文末詞は「わ」を中核としてその体系を形作っていき、昭和後期の初め頃、文学作品において盛んに用いられていたワ・ノ・ネ型のうち、「わ」の優位性がそれ以後揺らぎ、現在は女性の文末詞も多様化し男性化しつつあると観察している（鈴木1998: 162-163）。

文学作品のみならず、自然会話のデータ分析によっても、「わ」の衰退傾向は報告されている。Okamoto, Shigekoは92年に、生まれも育ちも東京の標準語を話す18歳から20歳の女子大学生10名（中流の上クラスの社会層）で親しい友人同士の会話を分析した。使用文末詞をFeminine、Masculine、Neutralに分類したところ、Feminineが約12.3％、Masculineが約18.9％、そしてNeutralが約68.8％という結果を得て、90年代初頭の女子大学生らが女性文末詞を約1割ほどしか使用していないことを明らかにした（Okamoto1995: 300-303）。

職場における女性の文末形式に着眼した尾崎喜光（1997: 481）は、「わ」の使用は実際の会話においては極めて少なく、「だわ」は、もはや皆無に近い『死語』

『旧女性専用形式』に近づきつつあるとしている。また、同じく職場における女性の疑問表現の観点より、中島悦子（1997: 68, 72）も、「わね」「わよね」「かしら」は衰退傾向にあり、「かな」「かね」「だよね」などの男性的疑問表現が中立的疑問表現として女性にも使用される傾向にあると報告している。

一方、家庭内の日常会話に焦点をあて20代〜80代の女性たちの使用言語調査を実施した小林美恵子（1993: 184）も、20代の娘たちのことばは明らかに母親たちよりも「女性語的特質」を持たず「中性化」していると指摘した。同様に、家族内の3世代の女性たちの話しことばを調査した三井昭子（1992: 101）も、20代の娘は「わ」「わよ」「わね」「かしら」などはまったく用いておらず、「よ」「よね」を母親や祖母より多く用いるというデータを呈示した。

若者による自然会話の代表的調査研究として、小川（1997, 2004）による1996年当時の日本人大学生の親しい者同士による会話データ分析がある。この調査データによると、「のよ（ね）」「過去形＋の」（e.g.「やめたの」「待ってたの」「いやがってるって感じだったの」）は現代の若い女性特有の文末詞であり、従来、女性特有語の「わ」、「体言＋よ」（e.g.「こっちのかごの中よ」）は現代若者の会話には少ない。反対に、現代若者世代の女性に好んで用いられるものとして、「の」（非疑問形）、「いい差し／体言＋ね」（e.g.「作ってくれるしね」「一番ね」）「よね」「だね」「だよね」があげられた。また、従来の女性特有の文末詞はほとんど用いられなくなっており、従来男性語とされていた文末詞を現代若者世代の女性たちも男性と変わりなく用いていることが指摘された。

先の尾崎、中島、小川らによる調査からすでに8年から10数年を経た2000年代半ば、当時大学生や20代であった若者たちも、その時にはすでに30代に入り中には30代後半の社会人になっていた頃である。彼らの年代と10年程後の20代では、女性文末詞使用には変化はあるのか、という疑問が起こったが、1996年に実施した小川の調査以来、参照可能な新たな調査データは見あたらなかった。また、女性文末詞使用に対してこれらの世代はどのような意識を持っているのか、その意識に男女差あるいは世代差はあるのかという疑問に答える調査分析は、前項の小林（1993）の世代別調査以来、10年以上未踏であった。

そこで、筆者は、2005年に20代、30代、40代の女性たち親しい者同士の会話データを採取し、これら3世代の女性文末詞使用実態を調査分析するととも

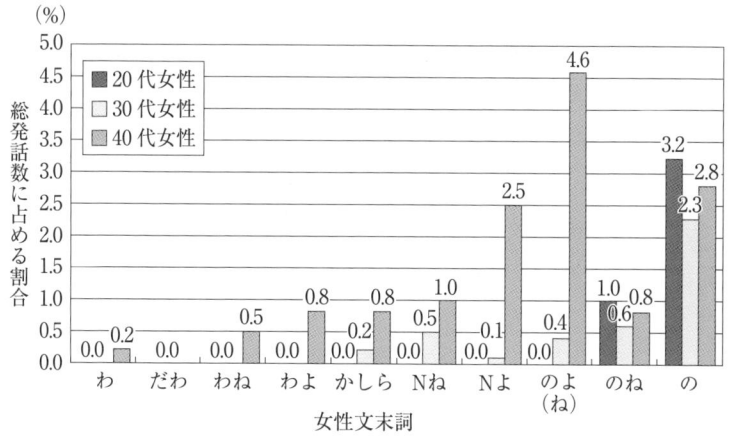

図1-1　会話における女性文末詞別使用割合

に、会話参加者女性30名と同世代の男性20名に対するアンケートにより女性文末詞使用に対する意識調査を実施した。水本光美（2005）の調査対象とした文末詞は「わ」「だわ」「わね」「わよ」「かしら」「N（体言）ね」「N（体言）よ」「のよ（ね）」「の」（下降調のイントネーション）「のね」の10種類である。その結果、図1-1に示すように、「の」（下降調）」と「のね」はおおむねどの世代にも用いられていたが、その他の女性文末詞は40代以上には若干残存しているものの40代前半から30代末頃にかけて徐々に死語になりつつあり、20代では「の」と「のね」以外の8種類は消滅していることを確認した。

また、アンケート調査により、20代から30代の若い世代の女性にとって、女性文末詞は「小説やドラマの中のことだけ」「冗談以外では使わない」と認識されていることが明らかになった。これに対して同年代の男性は、同年代の若い女性が女性文末詞を使用していないことを認識しつつも、女性文末詞に対して「女性らしさ」や「やさしさ」というイメージを持っているということも分かった。このアンケート調査結果分析の詳細に関しては、第1章の4「若い世代が女性文末詞を使う時、使わない時」にて後述する。

以上のように、女性文末詞使用の実態調査は、90年代前半から2000年代半ば頃までの先行研究によって行われ、そのさまざまなデータ分析の結果、昭和後期以降の若い世代の女性たちは、従来、直接的に響く男性語の「だ」を和らげるた

めに用いていた女性語の中核的「わ」や「かしら」を用いず、従来、男性的とされてきた表現を女性が用いるようになってきていることが共通して報告されている。しかし、従来の研究の調査方法や分析方法には統一基準がなく、いくつかの問題点が残っていたのも事実である。

1.3. 先行研究の課題

　次に続く水本光美・福盛寿賀子・福田あゆみ・高田恭子（2006b: 53-54）においては、先行研究における調査方法や分析方法において、いくつかの問題点を指摘した。主な問題としては、データの質と量の問題と女性文末詞の使用度を数値化する際の分母の問題の2点が挙げられた。前者については、一人あたりの会話調査の時間がわずか5分あまりであったり、調査人数がわずか数名などと10人未満であったりする場合、果たして実質データ量として充分かという問題がある。後者については、数値化において「はい」や「おはよう」等、女性文末詞の出現する可能性のないものまでを含む総発話数を基準とした場合、そこで得た女性文末詞の使用頻度は、たとえ同じ人物でもその時々によって分母が少なからず変動し、安定した数値を得るのは難しいと考えなければならない。

　水本、他（2006b）は、さらに具体的に、尾崎（1997）については、「女性文末詞とそれに対立する男性文末詞、例えば『(行く)わよね』『(行く)わよ』はそれぞれ『(行く)よね』『(行く)よ』に対立する形式と考え、"使用される可能性のある文法的環境の中でどの程度使用されたか"という観点から使用頻度を算出した点は大変興味深い」としながらも、データ処理方法の問題を指摘した。「データが膨大である場合、コンピュータの解析ソフトで処理すれば迅速に結果を得ることが可能だが、文字の配列によっては検索不可能となり、分析範囲に限定を加えざるを得ず、正確な数値が出せない」。また、水本（2005）は、尾崎（1997）の課題を踏まえて、より正確な分析結果を得るために時間がかかる手作業によるデータ処理を行ったが、使用頻度はやはり総発話数を基準にした数値であったため、純粋な女性文末詞率算出の点では、他の先行研究と同様に安定した数値が得られないと判断している。このように、先行研究は、それぞれに課題を残していたのである。

　さらに水本・福盛（2009）は、若年層で男女差がなくなったとは言えないと

の主張（二階堂2001、谷部2006）に関しても言及している。これらの研究は、「若い世代では恋愛など情意的な側面の伝達手段の一つとして、より積極的に『わ』を選択使用しているとの観察をしているが、これらが資料とした過去のデータは、現在より15年以上前（1992年）に収集したコーパスであったり、現在より25年前（1970年代から80年代初頭）の少女2名（小学2年から中学まで）の教師や友人との交換日記という書いたものを会話分析資料としたものであるため、現在の若い世代の女性たちの実社会における会話の特徴とはとらえ難い」とし、若年層で男女差がなくなったとは言えないとの主張を疑問視したのである。

2. 調査方法：20代から40代までの自然会話収集

2.1. 女性文末詞使用率の算出基準：二項対立表

前述の先行研究の課題に対応するために、水本、他（2006b）では、水本（2005）の追研究的な位置づけとして、その課題であった「女性文末詞の使用頻度を算出する分母の発話数」を、総発話数ではなく女性文末詞〈使用〉と〈不使用〉という対立する2つの文末形式の出現数とし、"二項対立表"を作成した。調査対象とした女性文末詞は、水本（2005）の調査結果を踏まえ、前掲の図1-1のうち、現在でも若い世代の女性に使用されている「の」（下降調）」と「のね」を排除した「かしら」「N（体言）ね」「N（体言）よ」「のよ（ね）」「わ」系（「わ」「だわ」「わよ」「わね」）の5種である。

分析方法に関しては、先の尾崎（1997）が「わ」に絞って機械処理用に文字列として配したのに対し、水本、他（2006b）では対象とする5種類すべての女性文末詞について、〈使用形〉と〈不使用形〉を個々に具体的な文末形式として取り上げ対比させ、手作業でより正確な女性文末詞使用率を算出した。女性文末詞〈使用形〉とは、例えば「するわ」のように「話者が女性であると認識される」文末形式である。これに対立する〈不使用形（neutral）〉は、従来の男性文末詞ではあるが、現在の女性による男性文末詞使用状況下においては、文字を見ただけでは「話し手が女性であるかどうか認識できない」文末形式である。そのため、あえて男性文末詞とはせず〈不使用形（neutral）〉とした。それらを対立する二項と定めたのが表1-1である。

表1-1 二項対立表

	形	女性文末詞 使用形	不使用形 (neutral)
①	かしら	かしら（ね） 例）だれかしら（ね）	かな・だろう（ね）・だろうか（ね）・っけ（ね） 例）だれかな　　　　だれだろう（ね） 　　　だれだろうか（ね）　だれだっけ（ね）
② だ の 使 用 ・ 不 使 用 で 対 立	Nね	Nね 例）子どもね	N　だね 例）子どもだね
		ナAね 例）すてきね	ナA　だね 例）すてきだね
		ナA型活用助動詞の語幹　ね 例）行くそうね　行くみたいね	ナA型活用助動詞の語幹　だね 例）行くそうだね　行くみたいだね
		N型の非活用語　ね 例）これだけね　うそばかりね 　　　福岡からね 　　　なかなか（の人）ね 　　　さすが（彼）ね	N型の非活用語　だね 例）これだけだね　うそばかりだね 　　　福岡からだね 　　　なかなか（の人）だね 　　　さすが（彼）だね
	Nよ（よね）	Nよ（よね） 例）あの人よ　　　（よね）	N　だよ（だよね） 例）あの人だよ　　　（だよね）
		疑問詞　よ 例）何よ　どうしてよ 　　　いくらよ	疑問詞　だよ 例）何だよ　どうしてだよ 　　　いくらだよ
		疑問詞（＋助詞）よ 例）何がよ　誰とよ　何週間よ	疑問詞（＋助詞）だよ 例）何がだよ　誰とだよ　何週間だよ
		ナA　よ（よね） 例）好きよ　　　（よね）	ナA　だよ（だよね） 例）好きだよ　　　（だよね）
		ナA型活用助動詞の語幹　よ 例）行くそうよ　行くみたいよ	ナA型活用助動詞の語幹　だよ 例）行くそうだよ　行くみたいだよ
		N型の非活用語　よ（よね） 例）これだけよ　福岡からよ 　　　もちろんよ　さすがよ	N型の非活用語　だよ（だよね） 例）これだけだよ　福岡からだよ 　　　もちろんだよ　さすがだよ
	のよ	{V／イA／ナA／N}　のよ 例）するのよ　　おかしいのよ 　　　いやなのよ　あいつなのよ	{V／イA／ナA／N}　んだよ 例）するんだよ　おかしいんだよ 　　　いやなんだよ　あいつなんだよ
	わ系	わ 例）するわ　　しないわ 　　　おかしいわ　おかしくないわ 　　　いやだわ　　あいつだわ	例）する　　　　しない 　　　おかしい　　おかしくない 　　　いやだ　　　あいつだ

③ わの使で対立	わね 例）行くわね　来なかったわね 　　いいわね　わね 　　無理だわね　悪くないわね 　　　　　　　学生じゃないわね	例）行くね　来なかったね 　　いいね　悪くないね 　　無理だね　学生じゃないね
	わよ（わよね） 例）聞いたわよ　知らないわよ 　　おいしいわよ　見たくなかったわよ 　　すてきだわよ　花屋だわよ	例）聞いたよ　知らないよ 　　おいしいよ　見たくなかったよ 　　すてきだよ　花屋だよ

＊N：名詞、イA:イ形容詞、ナA:ナ形容詞、V:動詞、N型の非活用語：ここでは副詞・助詞の一部

　表中の①②③は対立のポイントとした判断基準である。次は水本、他（2006b: 55-56）で定めたその判断基準である。ここで言う「N」は名詞、「A」は形容詞、「ナA」は「ナ形容詞」を表す。
① 「かしら」における対立形の判断基準
　　「かしら」文末か、あるいは「かしら」以外の疑問のモダリティ「かな」「だろう」「だろうか」「っけ」文末か。
② 「Nね」「Nよ」「のよ」における対立形の判断基準
　　「だ」（助動詞・形容動詞の語幹）が出現するかしないか（彼よ vs 彼だよ）。同様に「だ」が対立ポイントと認められる、ナA型活用の助動詞（そうよ vs そうだよ）、N型の非活用語（さすがね vs さすがだね）もここに含める。なお、「Nね」は、文節を区切る「ね」と同形であるが、文末にあっても「〜はね」と言えるものは「Nね」とは見なさない。

　　例1　A：実はね、あの、だめなんだ、プールね。（「プールだね」ではなく「プールはね」の意味）

③ わ系（「わ」「わね」「わよ」「わよね」）における対立形の判断基準
　終助詞「わ」があるか、終助詞「わ」のない言い切りの文末か。ただし、「わ」はイントネーションが女性特有の上昇調のもののみを対象とし、詠嘆や感動を表し男性も同様に用いる下降調のもの（「よく言うわ」「出るわ、出るわ」など）は

音声確認を行いながら、本書では研究対象から除外した。ここで注意すべきは、「わ」使用形に対立する文末形か、「の」の省略である言い切り文末かという点の見極めである。以下の例のような発話について、文脈から「わ」が接続するか「の」が接続するかを複数人で判定し、前者の場合は抽出して有効発話データとし、後者の場合は、ノーカウントとした。

例2　A：はい、プレゼント。
　　　B：わぁ、うれしい。　（←「わ」不使用）
例3　A：あれからどうしたの？
　　　B：いろいろあったのよ。Cちゃんが急に気分が悪くなってね、倒れちゃってさ。病院に連れて行かなきゃならなかった。　（←説明の「の」が省略された言い切りの文末）
　　　A：え、うっそー。

　すなわち、上述の判断基準に沿ってこの二項対立表を参照し、女性文末詞を使用できる文脈において、それを用いたか用いなかったかを見極めることにより、女性文末詞の使用率の正確な算出法を考案した。以後の筆者の研究においても、一貫して、この研究で定めた規準に従って分析し、使用率の算出法を用いている。

2.2.　自然会話収集と分析法

　水本、他（2006b）では、2005年6月から2006年2月にかけて、ごく親しい友人同士の普通体でのカジュアル会話（いわゆる"タメ口"）を各30分間の音声データとして収録した。調査対象は、東京都およびその近郊（千葉・埼玉・神奈川）に10年以上居住しかつ標準語を日常生活において（家庭内においても）話す20代から40代の女性各12名、合計36名である。できるだけ自然な会話を収録するために会話のトピックは決めず、きままなおしゃべりを自由にしてもらった。30分間のペア会話はICレコーダーなどで録音し、それを文字化してスクリプトを作成した。そのスクリプト中の分析対象とする文末詞を手作業で選択し、二項対立表に基づき女性文末詞の使用形と不使用形の文末数をそれぞれカウントし、その和を有効発話数として抽出した。さらに、双方の合計を有効発話総数とし、有効発話数分の女性文末詞使用率を数値化した。

〈女性文末詞使用率算出方法〉

$$\frac{使用形の有効発話数}{使用形の有効発話数＋不使用形の有効発話数＝有効発話総数}＝女性文末詞使用$$

3. 調査結果：若い世代からの女性文末詞消滅傾向

　水本、他（2006b）は、自然会話とテレビドラマの中の会話を比較した研究であったため、分析結果は、自然会話で女性文末詞を使用しない20代から30代の女性が、テレビドラマの同世代の登場人物では何十倍もの比率で多用しているという比較に視点がおかれていた[4]。この自然会話の調査結果から、20代から40代の3世代にわたる女性による女性文末使用率を算出した図1-2は、水本・福盛・高田（2007: 86）によるものである。これによると、36名中、7名は女性文末詞をまったく使用しておらず（20代5名、30代2名）、39歳1名と47歳1名を除き、女性文末詞使用率は全員20％未満である。各年代平均使用率は、40代13.22％、30代8.17％、20代2.36％と年代が下がるにつれ低下している。これにより、現在の若い世代のカジュアル会話での女性文末詞の使用は稀少であることが明白になった。先行研究（水本2005）のデータ（20代から40代まで各10名、合計30名）と異なった新データ（20代から40代まで各12名、合計36名）

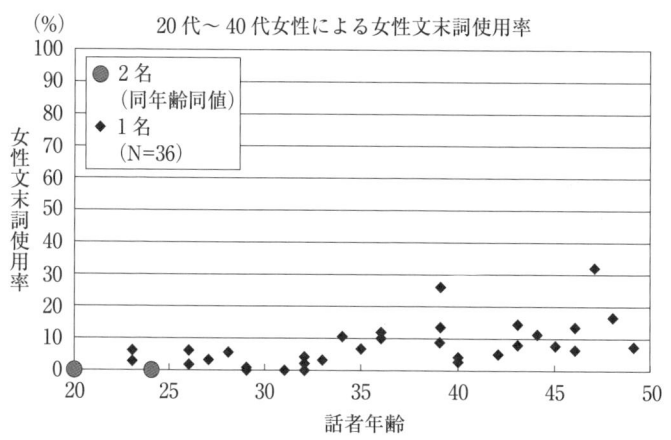

図1-2　自然会話における女性文末詞使用率

においても、後述する"特殊な使用法"以外では、普段の日常生活においては消滅してしまっていることが立証されたのである。

次に、2004年から2005年に収録された現在の若者（女性同士）の自然会話例を紹介しよう。下線部は女性文末詞不使用部分である。

〈会話例1〉 22才の女子大生同士
A：今日バイト何時までだった？
B：6時から9時。（A：はや！）早朝なんだよ。
A：コンビニでしょ？
B：うん、6〜9で…
A：はー、でも朝だといいっしょ。
B：でもね、職人さんが多いからね。（A：え？）職人さん。（A：あー）あの工事人の人が多いからね、それが大変かな。今は何やってんの？今。
A：今まだ居酒屋で、でも週一だよ。今週は入ってない。

〈会話例2〉 20才の女子大生同士
C：へえ。いいな、納涼船…
D：うん、よかったよ、楽しかった。
C：あれいつまでやってるのかな。
D：9月までやってるって。
C：え？そうなの？（B：うん）毎日？土日くらい？
D：多分、金土以外。
C：そっかそっか。（B：うん）行きたい。
D：楽しかったよ。（A：マジ？）うん。

〈会話例3〉 32才の主婦同士
E：Xくん細い！体重何キロ？10キロないの？まだ。
F：10キロくらいかな。（E：細い）あの貧相な足。
E：こんな細いよ。（F：ねえー）ごぼうみたい。
F：そうなんだよねえ。足貧相だねえー、とか言われて、
E：食べてんのって言われるでしょ。
F：うん、言われる。あれでもね、結構食べ、去年の夏は食べなかったけど、今年は結構食べてるんだよね。うん、食べちゃうんだよね。そうそうそう。

〈会話例4〉 36才の主婦同士（パソコンのマウスの話）
G：こういうやつでさ、こうやってやって…

H：あ、画面のやつか。
G：そうそうそう。
H：あー、もっと古いやつを考えて<u>た</u>。（G：どういうの？）あの、ボールが入ったようなやつ（G：ボールが入ってるって）コロコロコロって転がすとマウスが動いてくやつ。
G：ああ、そんなの、あるの？（H：ええ？）知らない<u>よ</u>。（H：あの）ごめん、若くて。うそうそ。
H：見たことない？（G：ない）もうこうやって転がすと、動いてく<u>のだよ</u>。
G：えー、いつの時代かな？
H：えー、いつの時代って、ウインドウズ95が出るちょっと前の、（G：えー）ノート型はそんなん<u>だったよ</u>。
G：そうなんだー。会社にだってそれ以前にあったパソコンも普通のやつ<u>だったよ</u>。

4．若い女性が女性文末詞を使う時、使わない時

　筆者の先行研究において収集した自然会話においては、2005年、2006年、どちらの研究においても、若い世代（20代〜30代）の女性たちがカジュアルなスタイルで友人たちと話す時、従来の女性文末詞はほとんど用いられなかった。どちらの研究も女性同士の会話であるが、人によっては「相手が男性であれば、自分の女性を意識して女ことばが出てくるのではないか」という意見もある。では、次の会話を読み、どちらが女性か分かるだろうか。

　〈会話例5〉　25歳同士の会社員
　　I：何時に帰ったの？
　　J：10時過ぎ。
　　I：んじゃあ、とんとん<u>だよ</u>（J：とんとん？）あの、何だっけ、一次会が終わって…
　　J：うんうん、その後カラオケに（I：行かなかった、カラオケは）行かなかった<u>んだ</u>。
　　I：そんな気分じゃなかっ<u>た</u>。もうテンションどんどん低くなって（J：どんどん）むしろ低くなってんの。
　　J：そんなにダメだった？（I：んー）本当…。
　　I：何かねえ、何だろうね、卒業してろく、えっ、6年？経ってん<u>だよね</u>。

　〈会話例6〉　25歳と27歳の会社員同士（美術館で鑑賞中）
　　K：お腹空いた<u>ね</u>。あ、あれいい<u>よ</u>。ちょっと、コンピュータ・グラフィックみたい。

L：でも違うよ。
K：「14のさくらんぼ」、暗いね、これね。(L：うん) すっげえ暗いね。暗い人なのかな？ あ、何これ。何かこれサランラップ巻けそうだよ。
L：どうやって描いてあんの？(K：どれ？) これ別にさ、絵の具で描いたわけじゃないよね。
K：うん、どうやって描いたのかなー、ね。これ何かな？

　これらの会話にも1人称が出て来ないため、どちらが女性かは判別がつかない。しいて言えば、会話例5における3番目のIの発話の最後の「なってんの」の「の」の使い方に注目してIが女性だと判定する人もいるだろう。文末詞「の」は従来の女性文末詞の分類に含まれるためである。従来の男性文末詞だと「～んだ」となる。しかし、文末の上昇調「の？」に関しては、現在は男性も使用することは知られているが、下降調「の」はいまだに女性専用であると考えている人もいるかもしれない。しかし、次の例にも見られるように、現在の標準語を話す若い男性も文末に元来の男性文末詞「～んだ」を使わずに元来の女性文末詞である「の」を用いるようになっているのである。

〈会話例7〉 23歳と24歳の会社員2名（ともに男性M、N）と20歳の学生（女性O）3名の会話
M：あれ何かね、コンピュータでやって、100問問題があって、で (N：あ、何かあるよね) 効果測定って言うんだけど、(O：あー) で、○×とかいってやって…(中略)
O：え、そんなんなんだ。え、100問？(M：100問だったの) で、何点で合格？

〈会話例8〉 24歳の会社員（男性N）と20歳（女性O）の学生
O：ぶつかったら後ろがボーンって
N：ボーンっていくから、だって後ろ乗っかってるだけだから、(O：ボーンって) 何だけ、その間さ、あの、安全ビデオみたいなのあったの、で学校で見させられて (O：何か人形がボーンとか) 人形とかそう、それでそん中で、ぶつかるシーンあんの、バイクで、カップルで後ろ女の子 (O：え、きつい) で、ガーンとかぶつかって、宙返りして立ってんの。

　この2つの会話では、O一人が女性でMとNが男性だが、男性はどちらも文末に「んだ」ではなく「の」を用いている。実際には、会話例5のIは女性でJが男性であるが、この現状を認識している人であれば、Iが女性であるとは言い

切れないだろう。

　また、人によっては、若い時（特に10代では）は女性文末詞を使わず話している女性でも、恋人ができて自分の女性性を意識したり就職したりすれば、より丁寧な話し方を心がける必要があるため、女性文末詞を使用するようになるのでは、という淡い期待を持っている人もいるようだ。しかし、会話例6の2人は恋人同士であり「すっげえ」などと男性っぽいことばを用いたKの方が、実は女性なのである。この女性の例のように、別に恋人だからと言って女ことばを使うわけでもなく、また、就職したからと言っても、丁寧に話す場合は普通体を使わず「です・ます体」や敬語を使用するため、あえて、タメ口で話す間柄では、性別を分別することば使いをする必要はないのである。

　以上の例からも明白であるが、音声なしの文字情報だけでは、会話者の性別はまったく分からない。これらの会話が男性同士だとしても、あるいは男女の会話だとしても、1人称（私、僕、など）が出て来ない限り、判定は難しい。現在の若者による会話では、従来の男性文末詞を女性も使用し、反対に従来の女性文末詞を男性も使用するというように、男女を区別していた文末詞がお互いに逆転し、女性と男性の男女の言語的区別は消滅してしまっている。それゆえ、現在では、男女双方が限りなく近づき"中性化"あるいは"neutral化"した文末詞使用状況時代となっているのである。

　しかし、通常はまったく女性文末詞を使用しない若い女性たちでも、ごく希にではあるが、意図的に使う場合がある。まず自然会話の分析から明らかになったこととして、誰かの発言を引用している場合、その発言が母や年配の女性、ドラマのキャラクター、テレビ番組などの登場人物が女性文末詞を使用して話したことを次のように伝える時である。

　　〈会話例8〉
　　P：そうそうそう、この間もね、お母さんが鏡の前で真剣な顔してクリーム、ぺたぺた
　　　　塗ってたの（Q：へぇー）「これお肌すべすべになるのよ！ふふ、どうして私っ
　　　　てこんなにきれいなのかしら、10歳は若く見えるわよね」だって。（笑）
　　Q：あ、知ってる知ってる！あのXさんが宣伝してるやつでしょ？「お肌が10歳若返
　　　　るわよ〜」って言ってた。（笑）

また、水本（2005）によるアンケート調査によって次のことも明らかになった。このアンケート結果によれば、若い世代の女性たちは女性文末詞を次のように認識している。

(1) 普段は使わない
(2) 業界ことばである（現在のいわゆる"オネエことば"など自分を女性であると強調し印象づけるために意図的、積極的に使う女ことば）
(3) 「かしら」は嫌みに聞こえる
(4) 冗談や笑いを取りたいときに使う

したがって、現在の若い世代の女性たちの意識の中では、女性文末詞は、友人同士の気楽な会話では使わないことばであり、もし使うとしたら、次の図 1-3 で示すとおり、一種の特殊場面で使用する特別なイメージを持つことばとして捉えられているのである。（水本 2011: 58）

このアンケート調査において、最も多く回答したのは「ギャグ、冗談、笑いを取りたいとき、照れ隠し、皮肉」の 40.17% であるが、「ギャグで女らしく振る舞いたい時」の 11.67% を、同じギャグや冗談系として同類とすると、半数以上の

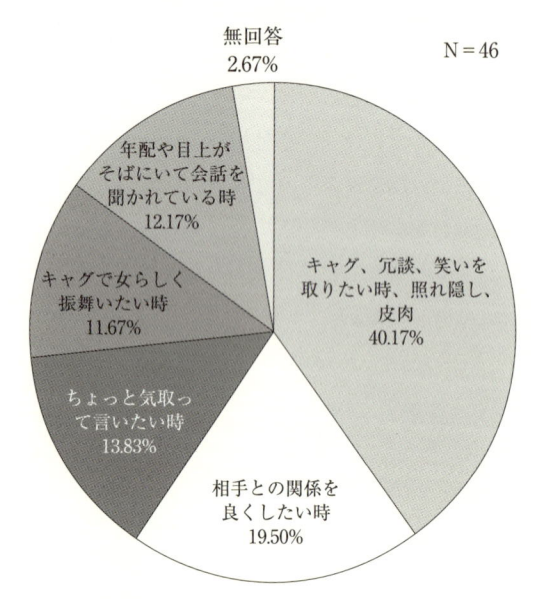

図 1-3　20代・30代の若い世代の女性があえて女性文末詞を使用する場合

N = 46

- 無回答 2.67%
- 年配や目上がそばにいて会話を聞かれている時 12.17%
- キャグで女らしく振舞いたい時 11.67%
- ちょっと気取って言いたい時 13.83%
- 相手との関係を良くしたい時 19.50%
- キャグ、冗談、笑いを取りたい時、照れ隠し、皮肉 40.17%

人が、女性文末詞をギャグや冗談として使用すると捉えられる。この系統の回答の65%は20代である。2番目に多い回答は19.50%の「相手との関係を良くしたい時」であるが、この場合の相手とは、女性文末詞を日常的に使用する年配の女性たちである。次の12.17%の「年配や目上がそばにいて会話を聞かれている時」を同類と考えれば、この分類の65%は30代である。20代と30代を比較すれば、社会経験の多い30代の方が、女性文末詞を"外向け"のことばとして用いることがギャグや冗談より若干多いようである。しかし、ここで再確認しておきたいことは、いずれにせよ、この回答は「女性文末詞をあえて使うとしたら」という特殊な場合であるため、20代、30代ともに、彼らがアンケート調査で回答したように、普段の生活の中では女性文末詞は使わないのである。

注

1) 「の」は「会話の中で、語調をやわらげつつ、聴き手を意識しての感動を示す」と辞書（広辞苑第6版、岩波新書、2008.）には説明されており、一般的には終助詞である。しかし、マグロイン（1997: 40）をはじめ、「の」は、文末表現「のだ」から「だ」を削除したやわらかい表現であり、「のだ」から発展して一個の終助詞的働きをしているものであるという考え方もある。
2) 金水（2003）は、夏目漱石の『吾輩は猫である』の雪江、『三四郎』のよし子、『それから』の縫、『門』の細君など、泉鏡花の『婦系図』の芸者、徳冨蘆花の『不如帰』の浪子、などによる「てよだわ言葉」の使用を報告している。
3) NHKは1980年に「現代人の話しことば」（『文研月報』1980年2月号）、1986年に「日本語はやはりみだれているのか」（『放送研究と調査』1986年7月号）において、2度にわたり「近ごろのことばづかい」に関する人びとの感じ方を調査している。
4) テレビドラマと自然会話の対比研究に関しては、水本（2005）、水本、他（2006b）、また、テレビドラマの脚本家へのアンケート調査分析研究に関しては、水本・福盛・高田（2008）を参照されたい。

第2章

4世代の主張度の高い女性文末詞使用実態状況

1. 主張度の高い女性文末詞とは

1.1. なぜテレビドラマ研究か

　筆者が最初に女性文末詞を対象として調査研究を開始した時は、自然会話とテレビドラマとの比較が目的であった。テレビドラマ（以後「TVドラマ」あるいは「ドラマ」という）は、アメリカ時代によく教材として取りあげていた。現在のようにインターネットはまだ発達していなかったため、海外において唯一、日本の生きた姿を見ることができたのは、映画とTVドラマだけであった。特に、TVドラマは、その時々の風潮や若い世代の考え方や行動をある程度反映していたため、教科書には出現しないリアルな場面におけるリアルなことばのやり取りを体験し、そこから学習できることが多かった。

　筆者がアメリカで教えていたのは主に東洋学専攻の学生であり、彼らはすでに小説や映画の中に描かれる日本人像については、ある程度知識があった。ところが、92年に日本で放映されたある大学を舞台にしたトレンディ・ドラマ風なドラマのラストシーンで、それまで会いたくてもなかなか会えず、すれ違いばかりしていた主人公の若い男女（大学を卒業して数年後）が、なつかしいキャンパスで再会するという一場面が大変興味深かった。それは、20、30メートルも離れていたであろう双方がお互いを最後にやっと見つけた時、女性の方がその距離を彼のほうへ走り寄って彼に抱きつき「好きだよ」と言ったシーンである。男性の方は、彼女を見つけて彼女に走り寄るでもなく、ただ呆然としてその場に立ちすくみ、彼女の方へ両手を差し出すわけでもなく、なんとも女性の積極性が全

面に出た幕締めであった。従来のラブシーンとはまったく異なるラストシーンを見て、アメリカの学生たちは大笑いした。アメリカなら双方がお互いに走り寄るのに、日本の男性はなぜ何もしないで待っているだけなのか、まるで日本の昔の女性のようだと思ったようだ。その半面、女性はもう待ってはいない、自分から走り寄り自分から愛を告げる、何とハンサムなのだろうと賞賛した（英語の"handsome"には男性の顔立ちの整っているという意味の他に女性が「きりっとしている」という賞賛の意味も含まれている）。

　そのTVドラマを教材として取りあげながら、有益だと思われる会話シーンを実際に練習させたりしていたのだが、言語的に困った問題に遭遇した。その時はすでに標準語では若い女性は女性文末詞を使用していないことが実体験（序章で述べた"山手線"での体験）で分かっていたのだが、そのドラマの若い女性は、かなりの頻度で女性文末詞を使用していたからである。そのラストシーンだけではなく、ドラマの中の若い女性たちは考え方も行動も従来の受動的な女性とは異なり、自分の力で人生を切り拓いていくというタイプであった。にもかかわらず、その女性たちのことばは、いまだ女ことばが頻繁に用いられている、という矛盾をどう学生たちに説明したらよいのか悩んだ。

　アメリカから帰国後、現在の所属校で留学生の日本語教育に携わることになった頃、その経験から約10年を経ていた。再び、TVドラマを教材にしたいと素材探しをしたが、それから10年経っていたにもかかわらず、ドラマの中の若い女性達は、なお女ことばを話していたため、結局、ドラマを教材とすることは諦めざるを得なかった。せっかく生きた教材をと思っても、当の素材が現在の若者のことばづかいを反映していなければ、それを題材とする価値はないからである。それをきっかけに、TVドラマの中の若い女性たちの女性文末詞使用に関する研究が始まり、その特徴が実社会を反映しているかどうか、また実社会では若者たちはどのような話し方を実際にしているのか、という研究への動機となった。

1.2. テレビドラマにおける主張度の高い女性文末詞

　水本、他（2006b）は、2005年4月から6月、および7月から8月にTV放映された、いわゆるトレンディドラマ風TVドラマ（以後「ドラマ」という）で、設定が現代の日本であり女性が主人公のもの、あるいは男性が主人公でも女

性登場人物の発話数が多いものを選択し、次の合計10本[1]における若い（20代、30代）女性たち25名のカジュアル会話中の女性文末詞使用状況を、自然会話の分析方法と同じ方法で調査した。

〈調査対象テレビドラマ〉
ドラマ A. アネゴ（日本テレビ：2005年4月－6月放映）
ドラマ B. スローダンス（フジテレビ：2005年7月－9月放映）
ドラマ C. 恋に落ちたら（フジテレビ：2005年4月－6月放映）
ドラマ D. 汚れた舌（TBS：2005年4月－6月放映）
ドラマ E. 曲がり角の彼女（フジテレビ：2005年4月－6月放映）
ドラマ F. 夢で逢いましょう（TBS：2005年4月－6月放映）
ドラマ G. エンジン（フジテレビ：2005年4月－6月放映）
ドラマ H. 離婚弁護士（フジテレビ：2005年4月－6月放映）
ドラマ I. 女王の教室（日本テレビ：2005年7月－9月放映）
ドラマ J. あいくるしい（TBS：2005年4月－6月放映）

その結果、ドラマの中の女性たちは実社会の女性達より5倍から10倍、女性文末詞の使用が多いこと、特に「わ系」（「わ」「わよ（ね）」「わね」）が75倍と目立つことが明らかになった。なぜ、ドラマではこのように女ことばが当たり前のように頻出するのかについては、後に、水本、福盛、高田（2008: 19）がドラマの脚本家らに対して実施したアンケート調査結果（約80名の脚本家からの回答）を分析することによって解明した。すなわち、脚本家にとってドラマは虚構の世界であり、女性文末詞は、登場人物像を特徴づけるある種のデフォルメの道具として多くの脚本家に積極的に使用されているからであることを確認したのである。

その他に、この研究で明らかになったことは次の3点である。
(1) 脚本家が持つ女性文末詞を使用するイメージは、やわらかい、知的、上品。そのステレオタイプとしては、知的職業、中流以上の主婦、世間知らず、などがある。
(2) 脚本家が女性文末詞を使わせる場面は、丁寧さや上品さをアピールする場面、気取った場面、甘えたりすねたりする場面、色気を漂わせる場面などが大半である。

(3) 一方、相手をからかう場面やムキになったり口論したりする感情的な場面で使用する、本性を隠す場面、女性を演じる場面、なども半数近くの脚本家が意識的にストラテジーとして使用している。

もちろん、脚本家の中には、どのような年代のどのようなキャラクターでも、さらにどのような場面でも区別なく女ことばを日常的に使用すると回答した人も 1 割あまりおり、そのような脚本家は、例えば、少女にでも中年以上の女性と同様に女ことばを使わせているのかもしれない。しかし、「若い世代の女性キャラクターには女ことばは使用しない」という脚本家も 3 割近く見られ、このような脚本家は、ドラマは虚構ではあるが、見る側にできるだけ現実との乖離を意識させないように、言語面でも注意を払っていると見られる。

さて、先の水本、他（2006b）の研究に話をもどそう。この研究では、ドラマに登場する代表的女性キャラクターの女性文末詞使用状況から、「多使用タイプ」（使用率 50% 以上、現実社会の会話の 10 倍以上：キャリア系、専業主婦系）、「無使用タイプ」（使用率 10% 未満で現実社会の会話と同レベル）、「時々スイッチ型」（使用率 10%～50% 未満）の 3 種のタイプに分類した。その中でも、全体の 36% を占める「時々スイッチ型」は、平常は女性文末詞を用いずに話すが、ある時、突如としてスイッチが入るようにことばづかいが変化し、女性文末詞が部分的に飛び出す話し方をするタイプである。その種の女性たちが突如としてスイッチする場面について、水本、他（2006b: 13-15）においては、次のように分析している。なお、「D36 子」の D は前述リストのドラマ番号、36 はその女性の年齢を表す。下線部は女性文末詞を示す。

① 主張する・言い切る場面：「わ」「わよ」「Ｎよ」

    ドラマ会話例 1-1 （借金を肩代わりしてやるという男に）
      D36 子：ありがとう。でも、あなたが肩代わりする言われはない<u>わ</u>。

    ドラマ会話例 1-2 （不審電話の相手が自分のお見合い相手の元彼女だと知って）
      A32 子：あなた、もっと怒った方がいい<u>わよ</u>。私にも、S さんにも。このまま別れちゃっていいの？ …あなたね、そんなに自分のこと卑下することない<u>わよ</u>。

30　第1部　女ことばは若者から消えてしまったのか：女性文末詞の行方

　　ドラマ会話例1-3　（同居しているムカつく後輩といつもの口論）
　　　後輩：あー、もうf33子さんみたいに節操の無い人と一緒に暮らすなんて絶対嫌っ。
　　　E33子：私だってね、あんたみたいに年中ヨガだの筋トレだのバカバカやってる女、絶対嫌い<u>よ</u>。

　　ドラマ会話例1-4　（これから結婚に向かう友人に）
　　　A30子：N子さん、これだけは言っておく<u>わ</u>。結婚はね、未来に向かってするものな<u>の</u>。過去なんかどうだっていいでしょ。

　② 反問、抗議、つっこみの場面：「Nよ」「のよ」

　　ドラマ会話例2-1　（ネコが近寄って来ず逃げていってしまった）
　　　B31子：あれ〜、おかしいなあ。動物だけには昔から好かれるんだけどなあ。
　　　男友だち：ああ、（B31子は動物と）なんか同じ匂いがするんじゃないですか。
　　　B31子：どういう意味<u>よ</u>。

　　ドラマ会話例2-2　（バイト先で同僚である男友だちがいなくなってしまいイライラしていたところにやっと帰ってきた）
　　　男友だち：あ、わりぃわりぃ。
　　　F21子：もう、どこ行ってた<u>のよ</u>。

　　ドラマ会話例2-3
　　　男友だち：俺さ、本屋のバイトやめるつもりだから。
　　　F21子：なに言ってん<u>のよ</u>。ちゃんと続けようよ。…紹介してあげた仕事なんだよ。

　　ドラマ会話例2-4
　　　後輩：ってみんな言ってますけど。
　　　A32子：なんでみんな私に言う<u>のよ</u>。

　③ 立場・事情を説明主張する場面：「のよ」

　　ドラマ会話例3-1
　　　父：なあE33子、今日ぐらい何とかならないか。
　　　E33子：主任だもん、責任者な<u>のよ</u>、パーティーの。

ドラマ会話例 3-2
　　D36子：うちはあなたのところみたいに 8,000 万、1 億だって倒産しない店じゃないの。1 本 50 円、100 円の花を小売にして食うや食わずでやってきた<u>のよ</u>。

ドラマ会話例 3-3　（一度関係を持った後輩に泊めてくれと言われて）
　　A32子：あたし、そういうの大っ嫌いな<u>のよね</u>、一度あったぐらいでさ、甘えないでよね。

④　反論・否定の場面：「わ」「わよ」

ドラマ会話例 4-1　（会社の生意気な後輩と）
　　後輩：怒ってるじゃないですか。この間からずっと。
　　E33子：怒ってない<u>わよ</u>。…怒ってないって。

ドラマ会話例 4-2　（突然かかってきた不審電話に）
　　電話：あの若い男性は A32 子さんの恋人なんですか。お付き合いしていらっしゃるんですか。
　　A32子：付き合ってなんかいない<u>わよ</u>。なんでこんな質問に答えなきゃならないんですか。

ドラマ会話例 4-3　（主人公のお見合いが失敗したと思い込んだ後輩の慰めに）
　　後輩：A32 子さん、まあ、そんなに気を落とさないでくださいね。
　　A32子：気なんか落としていない<u>わよ</u>。

⑤　皮肉・嫌味・気取りの場面

ドラマ会話例 5-1　（自分の見合い相手に）
　　A32子：女がいるくせにバックレてお見合いに来て誠実ぶっちゃって、いい気なもんだ<u>わねえ</u>。

ドラマ会話例 5-2　（自分に連絡をしてこなかった友人に）
　　A30子：お見合いのほう、うまくいってますか。
　　A32子：あ、うん、もちろん。
　　A30子：じゃあ、デートでお忙しいの<u>かしら</u>。

以上のように、ドラマにおいては、平常は中性化したことばづかいをする若い女性たちも、相手への反論・抗議・主張・皮肉といった感情的な場面では女ことばに転じるのである。しかし、この研究では、ドラマにおいて女性文末詞が現れる傾向のある場面を分類し、それらが主張度の高い場面であることを報告したが、数値化されてはいなかったため実証までには至らなかった。この研究に先立ち、野田晴美（2002）は、伝達の終助詞「わ」は、「強い感情や驚きを伴って認識したことを表す」としており、同様の報告は、小説の登場人物は抗議等の場面で女ことばを使用することが多いとした山路奈保子（2006）にも見られる。しかし、山路は、音声言語を伴わない小説の中での発話を調査対象としたが、実際の会話で同様の使用状況が見られるかという点には触れていない。また、水本、他（2006b）では、実際の会話分析を行ったが、収集した会話は友人同士の気楽なおしゃべりであり和やかな雰囲気の会話であったため、ドラマに多く見られた反論、非難、抗議、自己主張など対立的な場面を含むものではなかった。

　主張度の高い場面における女性文末詞の使用状況を、音声を伴う会話データに基づいて明らかにした研究は、それまでには見当たらなかった。そこで、ドラマに見られるように、実際の会話においても主張度の高い場面では現在の若い女性たちも女性文末詞を使用するのか、また、主張度の高い場面に絞れば、現実の会話とドラマの隔たりは狭まるのだろうかという疑問が起こった。その疑問に答えるべく、水本・福盛（2007a）は、そのような場面においてドラマおよび実際の会話で女性文末詞がどの程度使用されているのかを数値化し、比較検討した。

1.3. ドラマの主張度の高い女性文末詞率と使用場面の特徴

　水本・福盛（2007a）では、先行研究（水本、他 2006b）で調査したドラマの登場人物のうち、女性文末詞使用率が40%未満であり、平常は中性化した文末詞を用いて話すが主張度の高い場面になると女性文末詞に突然スイッチする傾向がみられた、いわゆる「スイッチ型」の10名を研究対象とした。調査対象としたドラマは、前項のリストのAからFまでの6本である。次の、図2-1は、水本・福盛（2007a）において収集したデータをもとに、これら10名の女性文末詞使用率を個々の登場人物ごとに表し新たに作成したグラフである。グラフ中の横軸に記した「F21」等は、ドラマ「F」に登場した21歳の女性であることを示

し、同ドラマで同年齢の女性が複数登場する場合は「F21-1」「F21-2」とした。各登場人物左側の値が調査場面を限定せずにドラマ全体を見た場合の個々の登場人物の女性文末詞使用率を示し、右の値は主張度の高い場面に限った場合の使用率を示したものである。

図2-1の個々の女性について比較すると、10名すべての女性が、ドラマ全体より主張度の高い場面においての方で、より高頻度で女性文末詞を使用していることがわかる。F21-2にいたっては、5倍に増加している。また、ほぼ常時、中性化した文末詞(「～だよ」のような女性文末詞不使用形)で話し、稀にしか女性文末詞を発しない女性たちの使用状況をみると、使用率が20％未満の女性5名のうち3名(F21-1、F21-2、F26)は、そのすべてが主張度の高い場面での使用であり、他の場面での使用は皆無であった。

水本・福盛(2007: 18)は、先行研究の水本、他(2006b)で分類した5種のスイッチする場面をさらにまとめ、次のように主張度の高い女性文末詞の場面を分類している。ここでの例示は先行研究の例と重複しないように新たに挙げた。

① 相手の言動に対する反論、非難、抗議の場面では、「Nよ」「のよ」「わよ」

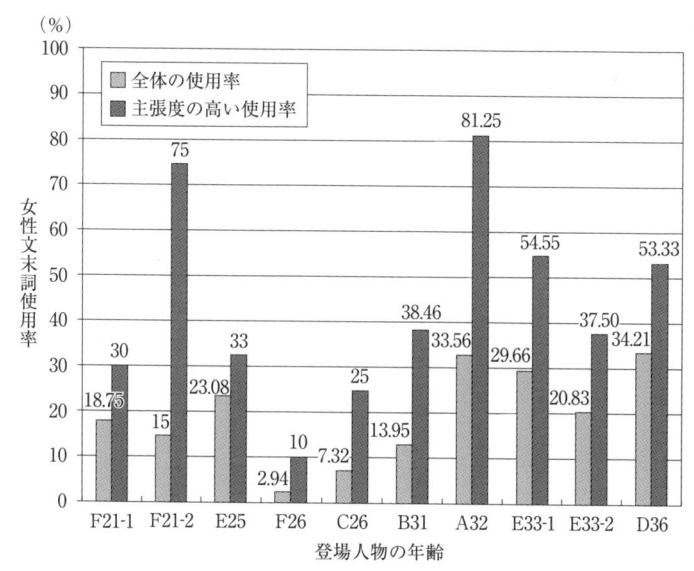

図2-1 ドラマのスイッチ型による女性文末詞使用率比較

が多用される。

　ドラマ会話例 6-1
　　男友だち：だったら結婚してもらえよ。一人で生きんのが辛いんだろ？　白川、独身
　　　　　　じゃねんかよ。
　　D36子：そんな話じゃないの。あなたが私の借金に関わるのは変だって言ってるだ
　　　　　　け<u>よ</u>。

　ドラマ会話例 6-2
　　後輩：元さんが働きだしたってことは、先輩との結婚も近いかもしれませんね。
　　F26子：なんで私が元と結婚しなきゃならない<u>のよ</u>。

　ドラマ会話例 6-3
　　後輩：夕べの相談事っていうのは美人秘書のことですか。
　　A32子：何言ってんの、違う<u>わよ</u>。

② 相手の言動を改めさせるべく、自分の考えや立場を強く主張する場面では、「わ」「わよ」「のよ」が多用される。

　ドラマ会話例 7-1
　　A30子：それはおやめになった方がいい<u>わ</u>。（え？）妻の立場から言わせてもらうと、
　　　　　　夫に裏切られた妻の恨みは並大抵のものじゃないんです。たとえ、愛人の
　　　　　　夫と別れたとしても、彼女一人幸せになろうなんて絶対に許さない<u>わ</u>。

　ドラマ会話例 7-2
　　C24子：どうして彼女を諦めるの？　おかしい<u>わよ</u>。竹本さんから聞いた<u>わ</u>。なんで
　　　　　　すぐに諦めるの？

　ドラマ会話例 7-3
　　部下：あ、がっかり。E33子さんってもっと大人だと思ってた。
　　E33子：はーっ？！　年取ったからってね、大人になれるってもんじゃない<u>のよ</u>。

　以上のように、ドラマの中のスイッチ型の若い女性たちは、普段は女性文末詞を使用せず話すが、反論、非難、抗議、自己主張といった主張度の高い文脈においては、部分的に女性文末詞を用いる傾向がある。しかし、このスイッチ型の使

用法が、はたして現代の若い女性たちの会話でも同様に現れるかどうかについては、さらに調査してみる必要性があった。

2. ロールプレイ会話による主張度の高い女性文末詞

2.1. なぜロールプレイなのか

前項で分析したドラマにおける主張度の高い女性文末詞の調査研究結果と比較し、実際に現在の若い女性たちに同様な傾向があるか否かを確認するためには、先行研究で収集した自然会話のデータ分析結果は有効ではない。なぜならば、自然会話はごく親しい間柄の2人の気楽なおしゃべりであり、30分間の会話収録中に、少々、感じ方や意見が一致しない場合でも、お互いに自ら引いたり相手に合わせたりすることによって、調和的な会話進行を継続しようとする傾向があるため、2人の意見が合わずに議論したり反論したりと、こちらが求める感情的な状況にはならないのである。したがって、このような自然会話の中で、反論、非難、抗議、自己主張といった主張度の高い場面における若い女性たちのカジュアル会話を一定量以上収録するのは実際には困難である。考えられる一方法としては、何か反対意見を持つトピックに関して一定時間話してもらうという方法があるが、議論の中で主張度が高くなり感情的になる話し方に転じる保証はない。

そこで、第2の方法として、会話する2人が対立的構図になるようなロールプレイを実施することにした。ロールプレイは自然会話とは異なり、指定されたコンテクストの中で指定された役割を演じるものである。ロールプレイは完全な自然会話ではないが、ロールプレイという会話形態を用いることにより主張度の高い発話が出やすい場面設定を提供するために適している。会話者は、実際には通常どおり自由に発話することは言うまでもない。また、録音した会話とその後のアンケート調査から、日頃の話者の話し方や話者が使用する文末詞がロールプレイによって影響を与えられることはなく、極めて自然な会話が収集可能であることも確認できたため、自然な文末詞使用データが抽出可能でありデータ収集には適すると考えられた。実生活においても、ごく親しい間柄であれば、時には感情的な議論などすることもあるため、ロールプレイにより、そのような状況設定で一時的に言い合ったとしても、ことに不自然

に感じることはない。また、その議論中に意図的に自分の話し方、特に文末をコントロールすることは難しいということもヒアリングにより確認でき[2]、ロールプレイ調査による自然な文末詞使用データ抽出の妥当性が認められた。

ロールプレイのコンテクストは、反論、非難、抗議、自己主張などの要素が自然に発話されやすいものを考え、水本・福盛（2007a）においては次の3種とした。

① A（友人）：Bのデート現場を目撃したと主張する。
　　B（友人）：見間違いだと反論する。
② A（妹）：会社をやめてアフガニスタンの難民支援に行きたいと主張する。
　　B（姉）：その考えを改めさせようと強く説得する。
③ A（同僚）：上司の引越しの手伝いに一緒に行くと約束したが実際に来なかったBに対して非難・抗議する。
　　B（同僚）：上司の引越しの手伝いに行けなかった理由を言い訳する。

しかし、実際にロールプレイを実施する上で役割に無理はないと思われたが、その後、水本（2010）においては、実生活により近づけるためにも、ロールプレイ②は、姉妹関係以外にも、実生活において友人関係であれば友人同士という役割に代替した。③も同僚という関係だけではなく、実関係が友人であれば友人同士という役割に代替し「先輩」の引越しの手伝いとした。

2.2. ドラマと同年齢の女性によるロールプレイ会話調査と分析結果

まず、水本・福盛（2007a）においては、ドラマの分析結果との比較という観点から、ドラマの登場人物10名と同じ20代から30代の女性ら10名を研究対象とした。2006年6月、関東圏に10年以上居住し、かつ日常的に家でも外でも標準語を話す20代後半から30代の女性たち5組10名に前述のロールプレイを各ペア3種とも、それぞれ5、6分実施してもらった。今回調査対象とした女性たちの職業は、全員ロールプレイが自然に行える語学教師である。教師であるため、年齢は20代後半以上となった。語学教師を対象とした理由は、語学教育においてロールプレイは頻繁に実施されているため、語学教師であれば、自然にロールプレイ・モードに入る事ができると考えたからである。彼らは、水本、他（2006b）によるドラマの調査で、女性文末詞を高頻度で使用すると指摘された「キャリア系知的職業」（弁護士、社長秘書、大企業幹部、教師）の女性たちに属

する。スクリプトを作成した上で分析したが、分析方法は、ドラマや自然会話の女性文末詞使用率分析法と同一である。その結果が次の図2-2である。これは、水本・福盛（2007a）の分析データから今回新たに作成したものである。

　この図をドラマの図2-1と比較すれば明らかなように、現在の若い世代の女性たちは主張度の高い文脈においても女性文末詞は用いないことが分かる。30代の3名を含む10名中6名は主張度の強弱にかかわらずまったく使用せず、他の4名に関しても、ごく微量な使用が見られるのみである。水本・福盛（2007a）は、具体的にその4名を観察した。まず、主張度の強弱にかかわらず、全体的な女性文末詞使用率（左の値）が7.14％であった32才は、主張度が高い文末詞率は0％である。これは、この話者が全体で2回使用した女性文末詞はいずれも主張度の高い場面での使用ではなかったことを意味する。その他の3名は全体3.23％（1回）が主張4.35％（1回）など、若干の増加は認められるが、5倍もの増加率を示したドラマとは大きな隔たりがあり、ここから主張度と女性文末詞使用状況の相関を見ることはできない。以上のように、女性文末詞使用率の絶対数そのものが、ドラマの中でも低使用者であるスイッチ型女性と比較しても極端に少ないこのロールプレイによる調査結果は、現実社会における若い女性たちの間

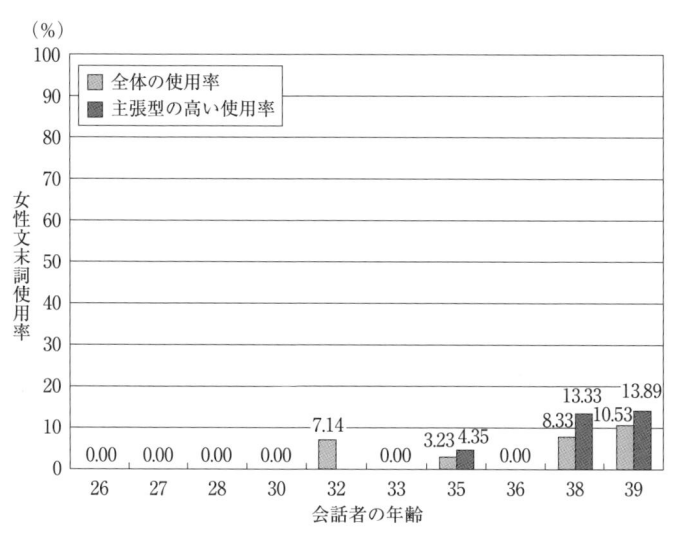

図2-2　ロールプレイによる女性文末詞使用率比較

からは、主張度に関わりなく女性文末詞が消滅しつつあることを示すものであると、水本・福盛（2007a）は結論づけている。

2.3. 20代から50代までの女性によるロールプレイ会話調査と分析結果

前述の水本・福盛（2007a）においては、ドラマとの比較が目的であったため、ロールプレイ調査対象はドラマと同年齢、すなわち20代から30代までの10名に限られており、データ量としては増強する必要があった。そのため、水本（2010）においては、先行研究の調査対象の年齢層を50代までの標準語話者48名へと拡大し、若者から年配層までの広範な使用状況を観察した。ただし、先行研究では10名全員が語学教師であったのに対し、この研究では語学教師のみならず、他の職業や学生や専業主婦らも対象とした。使用したロールプレイと会話収集および分析方法は先行研究と同じものである。

ロールプレイ実験調査の結果、会話実施者各年代12名合計48名の会話全体に出現した女性文末詞使用率は次の図2-3のように示される。まず、20代は1名を除き他は全員10%以下で極めて少なく、12名中7名はまったく使用していない。

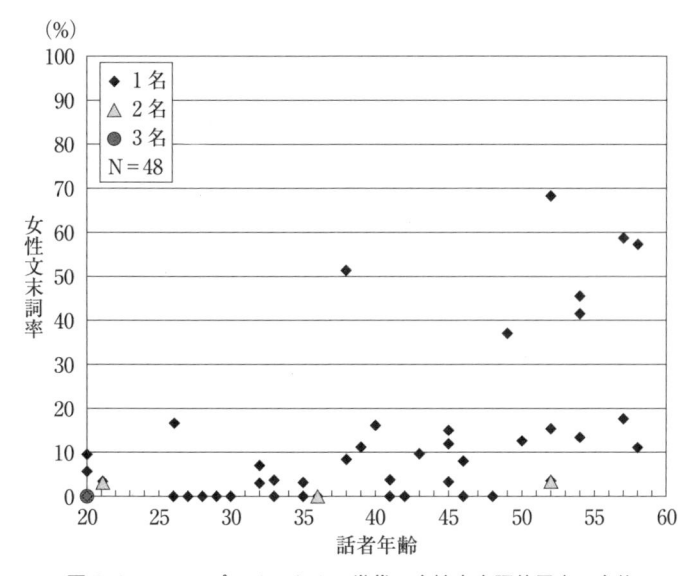

図2-3　ロールプレイによる4世代の女性文末詞使用率：全体

10%を超えた1名でも女性文末詞を2回しか使用していない。30代でも、1名（51.28%：「Nよ」と「のよ」を頻繁に使った）を除き0%から20%までの間に分散し、そのほとんどが10%以下である。そのうち4名はまったく使用していない。

　40代を見ると、36.84%使用した49歳1名を除いた他の者は20%以下で、0%も4名存在する。50代になると、散布図の形相は下位年代と大きく異なる。使用率の分布は拡散し、半数以上が20%を超え70%近くの高頻度の者も1名認められる。各世代の使用率平均値は、20代3.21%、30代7.35%、40代8.78%、50代でも29.01%である。

　この結果から、20代、30代の若い世代では、自然会話と同様に、高主張度の場面設定における会話でも、女性文末詞はほとんど使っていないことが明らかである。40代では、若干使用率が増えるが、30代の平均値との差はわずか1.5ポイント以下であり、30代とさほど変わらないという印象が強い。しかし、50代は他の年代より頻繁に女性文末詞を使用している年代であると見受けられる。

　では、主張度の高い文脈で使用される女性文末詞はどのような年代にどの文末詞が使用されるのであろうか。次の図2-4は、各文末詞が20代から50代に使

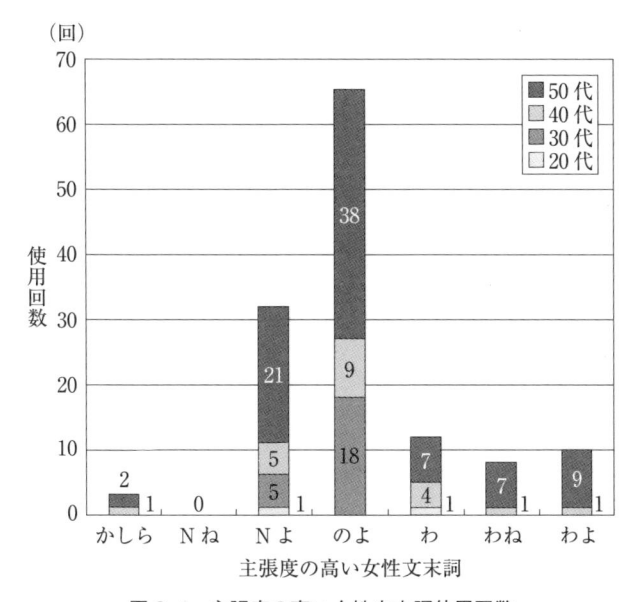

図2-4　主張度の高い女性文末詞使用回数

用された回数を示したものである。これによれば、最も多く使用されたのは「のよ」の65回である。これは30代、40代、50代の3世代に使われており、その半数以上の58.5%を50代が使用している。次に多く使用されたのは「Nよ」の32回であり、やはり50代がその65.6%を占めている。「わ系」3種は、先の2種に比べれば使用回数は格段に下がってはいるが、50代が約60%から90%を占めている。

「かしら」は予想に反し50代でさえ2回のみであった。「Nね」は、その「ね」の性質上、主張度の高い文脈ではどの年代にも出ていない。年代別に見ると、50代は全体の約65%を使用し、40代は約16%、30代は約17%近く、そして20代は「Nよ」と「わ」を、それぞれ1回使用したのみであった。

次の図2-5は、主張度の高い文脈で使用された主張度の高い女性文末詞（●

〈0%同値〉
20歳：主張4名、ソフト4名同値
26歳：主張2名同値
33歳：ソフト2名同値
36歳：主張2名、ソフト2名同値
N = 48

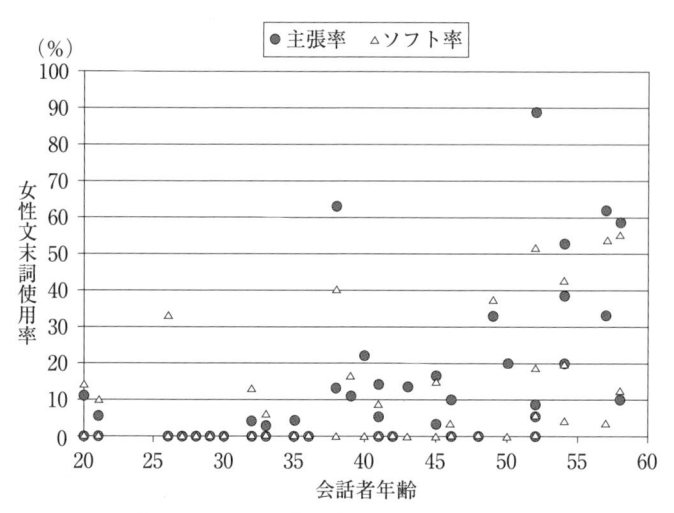

図2-5　ロールプレイによる4世代の女性文末詞使用率：主張率 vs ソフト率

印）と、主張度が高くない文脈において元来のソフトな感じで使用された女性文末詞（△印）の使用率を比較したものである。(10代から40代にかけ、使用率ゼロが横軸底辺に多数並んでいるが、同年齢0%同値が2名から4名重複する年齢がある) この図に見られるように、20代ではソフト使用0%が12名中9名（うち20歳4名が同年齢同値 (0%)）、高主張使用も0%が12名中10名（うち20歳4名と26歳2名が同年齢同値 (0%)）と、どちらも大半が使用していない。高主張型のあとの2名は回数としては、それぞれ1回ずつ使用しただけである。この年代では、全体的に主張度が高い文脈でも女性文末詞使用はゼロに限りなく近いといえるであろう。次に30代では、1名が60%以上と飛び抜けている以外は、ほとんどの者が10%以下で、半数は0%である。この年代も主張型の使用率は低い。20代および30代では、ソフト型、主張型に関係なく、女性文末詞の使用率は極小であることが分かる。

　40代では、若干、主張型の使用が若い年代より増えてはいるが、それでも12名中半数以上の7名が10%以下で、そのうちの4名は0%である。ソフト使用と比較しても、1名を除く他は、主張型がソフト型を超えて多用されることはなく、女性文末詞の使用は主張度に影響されていないということが明白である。しかし、50代になると、会話全体の使用率でもみられたように、全体の女性文末詞使用率が急上昇し、しかも、12名中3分の2は、主張型をソフト型より多く使用している。この年代では、主張度の高い場面設定では、主張型の女性文末詞をより多く使用する女性の方が多いようである。

　以上のように、この調査から、主張度の高い文脈において女性文末詞を使用するのは、50代（か、おそらくそれ以上の世代）であり、その娘の世代である若い女性が女性文末詞を好んで使用する傾向は、まったく見受けられないという結果を得た。テレビドラマの中のスイッチ型の女性は、実社会に存在はせず、ドラマの中だけであるということが明確であろう。

　次は、50代友人同士の会話、30代の友人同士の会話、20代の友人同士（大学生）の会話例である。これは50代は主張度の高い女性文末詞使用が見られるが、30代、20代には主張度の高い場面設定でも女性文末詞がまったく現れないという一例である。下線部分は、反論、抗議、主張、皮肉などの主張度の高い文脈部であり、文末に女性文末詞が出現しうる環境であるが、若い世代の会話における

女性文末詞は皆無である。

〈ロールプレイ会話例1：52歳と57歳の友人同士〉（下線部：女性文末詞）
状況：突然、アフガニスタンにボランティアに行くと言い出したAにあきれるB。

A：あのう、その、一大決心というのがさあ、ちょっとアフガニスタンに行ってみようかと思う_の_。
B：えっ誰が？
A：あたし。合わない？エヘッ。
B：何しに行くの？
A：あっ、もうそれは、ボランティア_よ_。何しに行くのって、旅行な訳ないでしょ。
B：あそう、ボランティアって、何しに、何ができるの？Aちゃん。
A：旅行じゃない_わよ_。あなた、あんなとこ旅行って、何が楽しい_のよ_。
B：何が、何ができるの？Aちゃん。
A：私には歌があるじゃない。
B：えっ、歌うたうの？
A：歌、歌う_のよ_。（アフガニスタンで？）（中略）もう一度決心したから、あなたに相談するも無いの、もうね反対されても何も、行く事は決めちゃったの。うん。
B：うーん。。。Aちゃんが歌の上手いのも、歌が好きなのも、すごいよーく分かる、よ。（うん）うん。

〈ロールプレイ会話例2：35歳と36歳の友人同士〉（下線部：男性文末詞）
状況：昨日、渋谷でDが男性と親しげにしていたのを見たCがDに真相を告白させようとしている。

C：昨日見た_よ_。
D：え？何？
C：渋谷にいたでしょ？（D：渋谷？）いたでしょ、渋谷。
D：え、何のこと？知らない_よ_。（C：見たもん）何見たの？うちにいた_よ_。
C：嘘_だ_よ、渋谷に_いた_よ。（D：ちょちょ、何の話？）あれ、誰？誰？彼氏？
D：え、彼？だって彼いないもん。
C：なんで？いたもん。だって渋谷に。109のとこいたでしょ？スタバのコーヒー飲んでたでしょ？
D：行くことはあるけど、昨日は、（C：_いた_）なんかの人間違い、（C：彼氏？）違うって、ほんと違うって。
C：うそ、_見た_。絶対そうだもん。（D：いや、なんかちょっとそれ）だって私が間違

えるわけないでしょ？
D：そうだけど、でも、人違いってこともあるじゃん。
C：ない<u>よ</u>。（中略）声かけよう<u>か</u>なと思ったんだけど、ちょっと悪い<u>か</u>な、いかにもお邪魔<u>か</u>なと思って。

〈ロールプレイ会話例3：20歳学生同士〉
　状況：昨日の先輩の引っ越しの手伝いに来なかったFに対してEが抗議している。

E：来なかったんでしょ、昨日。分かる<u>よね</u>？　どんだけ辛かったか。2人で一から十までやった<u>んだよ</u>。私の家でもないのに。
F：絶対、Eが昨日辛かったのに比べたら、私の方が辛いに<u>決まってる</u>。
E：えー、どこから来るの、その自信。いなかったじゃん昨日。
F：違う<u>よ</u>、ちょっとよく考えてみなよ、あの先輩から告白された<u>んだよ</u>。好きですとか言って、
E：うわ、気持ち<u>悪い</u>。
F：あの面で、
E：よく考えてみなよ、その面の人と一日中、その面の人の家を、
F：全然いい<u>よ</u>、Eなんかまだ楽な方<u>だよ</u>。
E：いやいやいや、（中略）だから、昨日いなかったから、そんなことが言える<u>んだよ</u>。一日中<u>だよ</u>。一日中手伝わされた<u>んだよ</u>、ずーっとずーっと。

　以上の会話例のように、20代、30代の若い世代の会話は、ドラマのように「のよ」や「わよ」などは使用せず、このように従来男性語とされていた文末詞「〜んだよ」や「（だ）よ」などを使用して進んでいく。現代の若い世代の女性たちによる従来の男性文末詞の中性化使用が、現在は定着しているのである。

3.　主張度の高い女性文末詞使用の年代変遷

　水本・福盛（2007a）および水本（2010）による以上の一連の調査分析結果より、ドラマの中のスイッチ型の女性文末詞は、現代社会の使用状況が反映されたものではないということが明白であろう。ドラマにおいては、ドラマチックな場面描写によって視聴者に訴えるために、登場人物の特徴をデフォルメする道具として、ことばが脚本家によって利用されているのである。そして当然、このス

イッチ型の女性文末詞は、彼らの女性像と女性文末詞に対する既存の固定観念に影響されて作られたものである[3]ことが推考される。

　では、その女性像と固定観念が培われた土壌はどこにあるのだろうか。先行研究（水本・福盛2007a、水本・福盛・高田2008）においては、次のように推察した。

(A) 女性文末詞は、まず主張度の弱いところから衰退が始まり、主張度の高い場面においては、比較的長く使用され続けていた可能性が考えられる。

(B) 過去において、日常場面では女性文末詞を使用しなくなっていた女性も、己が強く見えそうな場面では女ことばにスイッチするということが現実にあった可能性が考えられる。

この推察に対して水本（2010）が答えている。この研究では、先行研究が不足していた40代および50代のデータを充実させ、20代から50代までのより長いスパンで女性文末詞の衰退変遷を観察した。次の図2-6は、主張度の高くない文脈における元来のソフトな女性文末詞使用率と、主張度の高い女性文末詞使用率の各年代の平均値の変遷を表している。これによると、どちらの使われ方も50代値が他世代に比較して極めて高く、50代から40代の10年間で、そのカーブは約4分の1に急落している。30代では40代とほぼ同様であるが、その

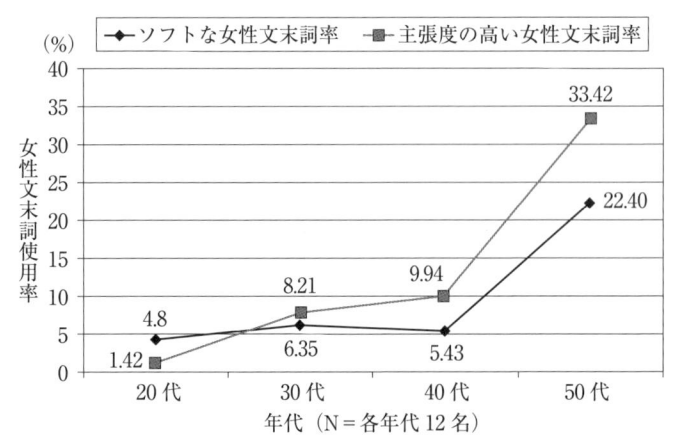

図2-6　ロールプレイによる4世代の女性文末詞
　　　　使用率の年代変遷：主張率 vs ソフト率

後20代では、むしろ若干、主張度の高い方が下降しゼロに極めて接近している。この変遷過程から、先行研究の推察（A）（B）の可能性はどちらも低く、女性文末詞はソフト使用も主張型使用も、どちらも同時に現在の40代を過渡期として一気に衰退したのではないかと考えられる。

では、なぜその頃に一気に衰退してしまったのだろうか。調査当時（2008〜2009年）40代の女性は1960年から70年頃の生まれであり、彼らが20代というと80年代である。これは、折しも「男女雇用機会均等法」が1985年に制定された年代でもあり、彼らの上の年代の女性たちが70年代から草の根的にフェミニズム運動を推し進めてきた結果、日本女性らが積極的に社会進出をするようになった頃である。第1部第1章で述べた筆者自身の当時の体験や、女性文末詞の衰退傾向に関する研究報告が80年代終盤頃に出現し始めたということとも合致する。

男性社会において男性と対等に向き合っていくためには、まずは親しい間柄からことばが変わっていったのであろう。仕事上は「です・ます体」を用いる丁寧体や敬語で話す必要性があるため、男女のことばづかいにさほど差異は現れないが、普通体で話せるカジュアル会話では、もうことさら丁寧さや女を意識した話し方をする必要はなくなったのである。それゆえ、まずは、対等に向かい合える若い世代、おそらく10代から女ことばは消えていき、その年代が年を重ねてもそのまま女ことばを用いずに話すようになったと推察される。調査当時の50代でも、ソフト使用は22％あまり、主張度の高い使用でも33％あまりに留まっているのは、80年代以前から徐々に女たちは女ことばから離れていったということであろう。

ここで、先行研究の結果をまとめておこう。

標準語を話す親しい者同士の普通体によるカジュアル会話において、
(1) 女性文末詞は、現代の20代、30代の若い女性達が普段使用するものでは、すでになくなっている。
(2) 若い世代の女性たちが女性文末詞を用いる場合は、冗談、皮肉などの特殊な目的で、ごく希にしか使用しない。
(3) 若い世代の女性たちが、反論、主張など、主張度の高い文脈で発話する際も、ドラマの中の登場人物のように女性文末詞を用いることは（2）の目

的以外にはほとんどなく、従来の男性文末詞あるいは中性化した文末詞、あるいは他の表現を使用する。
(4) 40代は、女性文末詞の使用度が下位年代より若干増加するが、全体的に不使用傾向が強い。
(5) 50代は、女性文末詞を使用する度合いが下位年代より数倍高く、日常的に使用している人が認められる。しかし、それでも女性文末詞の使用は2割から3割程度である。
(6) 主張度の高い文脈で女性文末詞を使用するのは、4世代のうちでは50代が最も多い。40代で使用度は急落し、それ以後の世代では使用は減少の一途をたどり20代では限りなくゼロに近い。
(7) 元来のソフトな女性文末詞の使用と主張度の高い使用は、年代変遷を経てほぼ等しく減少しているが、特に40代で急激に使用されなくなっている。

4. 若い女性が使用する文末詞の特徴と女性文末詞の将来

　前項で見たように、水本（2010）によって、50代から20代までの女性文末詞使用の変遷が明らかにされた。50代では女性文末詞の元来のソフトな使用以上に主張度の高い文脈ではさらに高頻度で使用されているが、40代では社会情勢の変化によって急激に使用されなくなり、30代、20代の若い世代では、どちらの文脈においても従来の女性文末詞の使用は、すでに死語になっているということが観察された。そこで、高主張度文脈においても、ドラマのようには女性文末詞を使用しない現代の若い女性が、実際にはどのような文末表現をするのかを知るために調査研究を行い、その結果から若い世代の文末表現の特徴を導き出してみよう。

4.1. 先行研究の課題と本研究の位置づけ
　先行研究のうち、高主張度文脈における文末表現に関する研究は、筆者による前述の研究の他は、金秀容（2011）以外は見当たらない。金は、話者の意志が強く表れる「主張の場面」において、断定の性格を持つ助動詞「だ」を伴う文末表現を20代の人がどのように戦略的に使用しているのかを電話による会話資料

によって分析した。その結果、20代では男女にかかわらず、親しい間柄では断定の助動詞「だ」を伴う文末表現を用いて反論する場合、相手に優位性を示すような男性的な言い方や断定的な言い切りはほとんどしないこと、また、女性同士の会話では「だ」を用いた男性的な言い方をより避ける傾向があることを報告している（金 2011: 56-57）。

　しかし、この研究のデータとして用いた会話は「男女の違いと男女共に相手に対して理解できない点」というテーマによりお互いの主張を話したものであるが、親しい友人同士が平常心で話す際の主張度は、実はそれほど高くはなく、相手との協調性を保とうとしがちな日本人同士の会話では、「〜（ん）だ」や「〜んだよ」などの断定的な言い方を避ける表現を用いる傾向があるのは当然のことであろう。したがって、さらに感情が表出される高主張度の文脈における文末表現がどのようなものであるのは、金の研究では確認ができない。

　また、先行研究（水本 2010）では、20代から50代までの4世代の女性たちが高主張度文脈でどの程度の比率で女性文末詞を使用するかという点に焦点をあてて調査分析したため、具体的に、女性文末詞を使用しない若い世代が実際にどのような文末表現を用いたかに関する分析は不充分であった。したがって本書では、先行研究の結果を踏まえ、高主張度文脈における女性文末詞の使用が極端に少なかった20代女性に焦点を絞り、そのデータを増やし、彼らが実際に使用している文末表現を量的・質的に分析するものである。

4.2. 高主張度文脈における使用文末詞調査：ロールプレイ実験調査

　自分の意見を主張したり相手に反論したりする高主張度文脈は、友人同士が意見を言う自然会話では、なかなか生まれない。というのも、日本人は元来、相手と協調しながら話を進める傾向があり、会話中に意見の相違でお互いに自分を主張し合うという瞬間があったとしても、同時に、お互いに調和点に落ち着こうとするからだ。その際、言語的にも、金の分析[4]する「意見保留」や「意見放棄」などの断定的な表現を回避する表現を使用したり、「男性性」が見られる「ダ文末表現」の文法形態をとった「〜んだよ」の後に「ね」を付加して男性性を弱めて話し、自分の主張の印象を弱める傾向があるからだ。

　したがって、ドラマの高主張度文脈により近いコンテクスト、すなわち、自

然会話における平常心での意見交換的なものではなく、相手を説得しようとしたり、強く反論したりするコンテクストにおいて同様の傾向があるかどうかを見るために、本研究でも先行研究と同じく、高主張度文脈を設定したロールプレイを本音で話せる若い女性ら(友人同士)にしてもらい、彼らが文末に使用する表現を観察する。

4.2.1. 調査方法

2012年9月に行われた本研究の調査対象は、共通語を日常的に話す首都圏(東京都、神奈川県、千葉県)に生まれ育った20代前半の女子学生10名である[5]。調査方法は、先行研究と同様に、2人1組でまず最初に15分の普通体による自然会話(おしゃべり)の後、高主張度の文脈におけるロールプレイをしてもらった。先行研究(水本2010)では、それぞれ5分以内のロールプレイを3種してもらったが、ロールプレイ②(アフガニスタンにボランティアに行く)では、話を切り出す側が状況説明や自分の心情の変化を長々と話しすぎる傾向が見られ、お互いに高主張をし合うまでに他の2つのロールプレイより時間がかかったため、今回はそれを削除した。また先行研究のロールプレイ③(同僚が先輩の引っ越し手伝いに来なかった)も、若い20代前半の学生にとっては、なじみの薄い状況であったため、新たなもの④を用意し、今回の実験調査には次の2種のロールプレイに限定して実施した(詳細なロールプレイカードはこの章末を参照)。

① A(友人):デート現場を目撃したと主張する。
　B(友人):見間違いだと反論する。
④ A(友人):つきあっている男性から日常的に暴力を受けているが、別れたくないと主張する。
　B(友人):暴力男に固執している親友を別れさせようと説得する。

ただ、データ比較の際に先行研究と会話量に差が出ないように今回は、それぞれ7、8分程度と会話時間を長めにとった。先行研究と同様に会話はすべて録音し、それをスクリプト化し、「二項対立表」により女性文末詞使用率を算出した。

調査対象とした文末詞は、先行研究と同じく、女性文末詞の代表とされる「かしら」「わ」「わよ(ね)」「わね」「体言+ね」「体言+よ(ね)」「のよ(ね)」の7種で、いずれも従来の女らしいと考えられていた上昇調のイントネーションに

よるものである。「の」（下降調の非疑問系）と「のね」に関しては、最初のデータ調査結果（水本 2005）において、現在の若い世代の女性たちによる使用状況が、上の世代の女性達のそれとはさほど差が認められなかったため、その後の研究では、この 2 種を除く 7 種を対象としている。分析法としては、先行研究と同様に、他の研究者らの先行研究や著者の初期の先行研究（2005）で行われた全発話数を分母とする使用率の算出法ではなく、水本、他（2006b）以後は、女性文末詞が出現し得る文脈における有効文でそれを用いたか用いなかったかという「有効発話文中の女性文末詞使用率」を算出する方法をとっている。

4.2.2. 調査結果

ロールプレイ実験調査の結果、10 名が使用した女性文末詞率は主張型もソフト型もすべて 0%だった。先行研究でも 20 代 12 名中 2 名がそれぞれ 1 回ずつ主張型女性文末詞（「Nよ」「～わ」）を使用しただけで、他の 10 名はまったく使用しなかった。したがって、ロールプレイの数を 1 回減らし、その代わりに会話時間を長めにとり前回の 3 回分と量的にほぼ同等にした今回の調査結果は前回の調査結果とほぼ同等の結果が得られたと考えられる。

次の図 2-7 は、前回の 12 名に今回の 10 名を加えた合計 22 名の主張型使用率を示したものである。22 名のうち使用率 0%が 20 名おり、約 91%がまったく使用していなかったことになる。

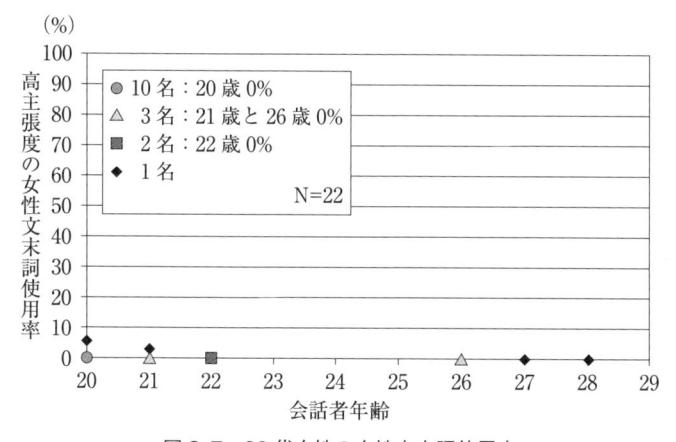

図 2-7　20 代女性の女性文末詞使用率

20 歳に 5.56％、21 歳に 3.33％の女性が 1 名ずついるが、それぞれ 1 回しか使っていない。20 歳の方は比較的聞き役にまわったため有効発話数が少数（18 回）であり、結果的に比率が上がっている。22 名全員の平均使用率は 0.4％と低く、この値は、もはやドラマに出現するような高主張度文脈で突如として女性文末詞を部分的に使用するようなキャラクター「スイッチ型」はドラマの中だけの存在であるということを証明していると言えよう。

次の図 2-8 は 22 名の女性が高主張度文脈の中で、それぞれが女性文末詞と男性文末詞を使用した回数を示したものである。圧倒的に男性文末詞を使用していることが一目瞭然である。横軸の年齢は「20-1」や「20-11」などで表示されているが、これは同じ 20 歳が 1 番から 11 番まで複数名いるということを意味している。それぞれの文末詞を使用した回数の総数は 514 回であり、女性文末詞を使用したのは 22 名中 3 名がそれぞれ 1 回ずつ、それに対して 511 回使用された男性文末詞は 99.42％を占めている。これはもはや、女性による男性文末詞使用ではなく、男女が共に共有する"中性文末詞"と言える時期が到来していると考えられるであろう。

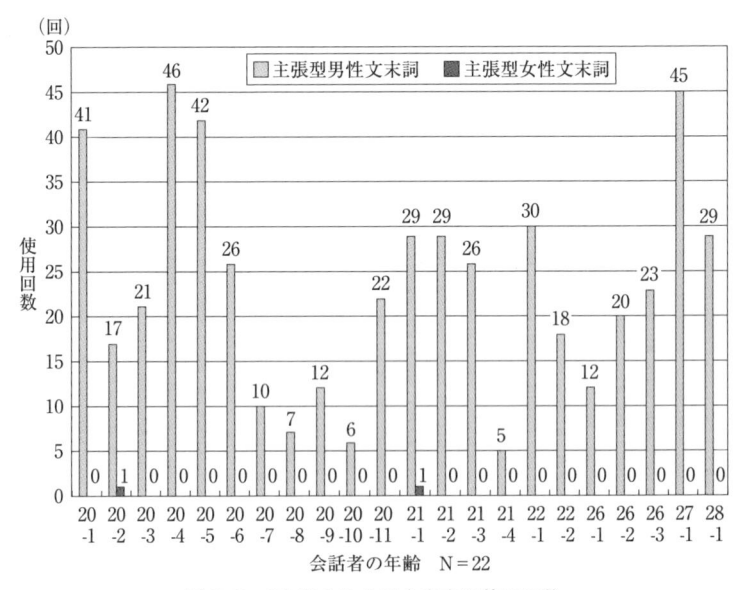

図 2-8　20 代女性の男女文末詞使用回数

4.2.3. 若い女性が使用する男性文末詞の種類

現代の 20 代の女性たちは、平常心で話すおしゃべりは言うまでもなく、自分の意見を主張したり相手に反論したり相手に説得したりしようとする一種の感情を伴った高主張度文脈における発話においても、従来のような女性文末詞を使用することなく、従来の男性文末詞を中性化して使用していることが、前項のロールプレイによる実験調査によって明らかになった。

では、彼女らは実際にどのような文末詞を使用しているのであろうか。次の図 2-9 はその種類の統計図である。縦軸の男性文末詞の右横の数字は使用した人数である。男性文末詞の左にはそれに対応する女性文末詞と使用人数（＝使用回数）を示してある。これによると、最も使用人数と回数が多い方から、「〜よ（ぉ）」172 回 21 人、次に「そう思う」や「いや、してない」などの「文末詞なし」タイプ 104 回 16 人、その次に「〜んだよ」67 回 19 人、それに「〜かな（ぁ）」56 回 14 人と「Nだよ（ね）」34 回 15 人が続く。

次にそれぞれの使用例を見てみよう（H22 や Kr21 はその話者のイニシャル略と年齢である）。

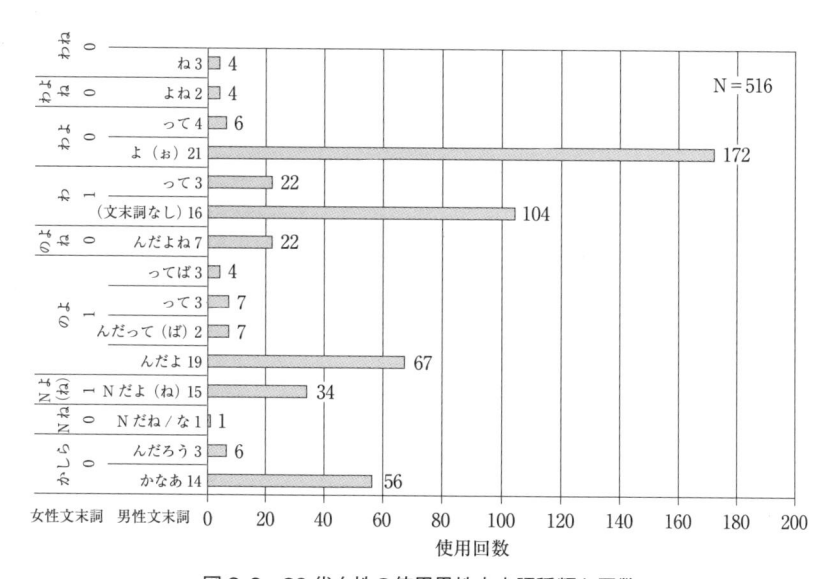

図 2-9　20 代女性の使用男性文末詞種類と回数

① 「文末詞なし」「〜よ（ぉ）」の使用例：女性文末詞「わ」「わよ」の代替
  a. H22：いや、昨日ほんと体調悪くてずっと家にいたの。
    Mm22：そうなん？（うん）いやいやいやいや、でも、ぜっったい、あれHだった。
    H22：いや、絶対違う。

  b. Kr21：いや絶対人違いじゃない、あれはほんとに人違いじゃない。だってめっちゃ見たもん。絶対Erだった。すべてがErだった。
    Er20：違うよぉー。

  c. Em20：早く別れた方がいい。ウチが言うよ、携帯貸して？電話する今から。
    Kn20：いや、でも、大丈夫。
    Em20：なんで、大丈夫じゃないよ。

② 「文末詞なし」「〜んだよ（ぉ）」「〜かな（ぁ）」の使用例：女性文末詞「のよ」「かしら」の代替
  a. Chz29：暴力じゃん、あんなー。暴力に訴える男ってのはね、許せない。
    Az29：何か嫌な事が、あったんでしょ？
    Chz29：嫌な事があってもねぇ、暴力に訴えてちゃダメなの。
    Az29：あー、べつに、だからそういう時は、居なければいいんだよ。

  b. Er20：でも、他の女の子じゃ、きっと、やつ、彼はうまくいかないから私が頑張ればできる。つづけられるよな…
    Kr21：他の女とうまくいかないの、あいつが悪いんだから、ほっとけばいいんだよ。

  c. Kn20：そうかなぁ…
    Em20：いや、Knはさぁ、いいように振り回されてんだよー、ほんとに。見てらんないからさぁー、ほんと別れた方がいい。ホントに。

  d. H22：アリバイはあるんですか？ アリバイは。（ふふふ）いやぁ、ちょっと信じられないかなぁ。（えぇー）だって見たんだもん。（…いやいやいや）いやいやいや、今さらあたしに嘘つかなくたっていいんだよ、べつに。
    Mm22：今さらつかないよ、嘘なんて。そんなしかも、彼氏できたら報告する。

③ 「文末詞なし」「〜かな（ぁ）」「〜よ」の使用例：女性文末詞「かしら」「わよ」の代替
  a. H22：大丈夫、大丈夫。家にいたとかいないとかそういう話じゃなくて 誰だった

　　　　の？あれ。
　　Mm22：あれ…？
　　H22：あの男の人誰かなぁ？

b.　F20：いや、賛成できない。ほんとに。
　　K20：えーー!?
　　F20：だって、絶対パパとマミーも反対するよ。
　　K20：そうかな？でもパパは昔ボランティア活動してたから、そういうのには賛成してくれる気がするんだけど。

④　「だよ（ぉ）」「〜んだ（あ）」「〜んだって！」の使用例：女性文末詞「よ」「の」「のよ」の代替
a.　Yu20：え、昨日だよ？（違う）昨日だよ？ほんとに？（Mmうん）へぇ〜。いちんちじゅう？（うん）絶対？（朝から）朝から？晩まで？夕方ちょっと出かけたとか？（そんなことない）ほんとに？えー、嘘だよぉ。え、だって、ほんとに、きのう、津田沼だよ？

b.　H22：いや、体調悪かったっていうけどさぁ、なに？風邪？でも今元気そうじゃん。
　　Mm22：そう昨日ね、寝たら治ったんだぁ。
　　H22：うわ、嘘くさい、ぜっったい嘘だよぉ。

c.　Em20：あーそっか…えー、でもなんかそしたらさぁー、自分の身体守るの、自分だけだよ。でウチもホントに心配なんだって！

⑤　「文末詞なし」「〜かな」「〜って！」「〜って」「〜んだよ」「よ」の使用例：女性文末詞「わ」「かしら」「わよ」「のよ」の代替
　　M20：なんか、犠牲になってばっかじゃん。（うん…）ほんとやめた方がいい。ほんとに。ゆったからね。
　　Yu20：うん…。うん…。…別れらんないかなぁ。たぶん。Mも会ってみたらわかるって。すごいいい人なんだよ。
　　M20：え、裏表が激しいんじゃないの？
　　Yu20：激しいけどぉ、でもその、一個だけなんだもん。悪いところが。
　　M20：そこが一番大きいよ。

4.3. 女性文末詞の将来

以上、2010年と2012年に行った20代の若い女性たちのロールプレイ会話調査結果を見てきたが、ここでその特徴をまとめてみよう。

現在の20代の若い女性たちは：

(1) 主張度の強弱に関係なく、従来の女性文末詞は使用しない。彼らの世代では女性文末詞は完全に死語である。彼らにとっては、男性文末詞はもはや、普段使用するものであり、完全に中性化した文末詞である。

(2) 主張度が高い文脈においては、中性化した男性文末詞を使用するとともに、「わよ」の代わりに「〜って」、「のよ」の代わりに「〜って」「〜ってば」「〜んだってば」を強調的に用いることもある。

2004年以来、約8年間の調査研究によって、標準語を話す若い世代の女性たちの自然会話から女性文末詞が消滅の一途を辿っていることを確認してきたが、では、今後はどうなっていくのだろうか。筆者がこの研究結果を発表したあるヨーロッパでの国際シンポジウムで、ある60代以上と思われる研究者から、「現在はこのデータから女性たちが女ことばを話さなくなったのは分かりましたが、今後はまた何かの社会的変動によって若い世代に女性文末詞が戻ってくることもあると思いますが、どうお考えですか」と質問された。筆者は次のように答えた。

水本（2010）の研究による4世代の女性文末詞使用率の変遷からも明らかなように、年代が下がるにつれて使用率は下降の一途を辿っている。いまだなお比較的使用している50代が平均寿命まで生きたとして後30年あまり、その頃には日本女性の日常生活からは女性文末詞が聞かれなくなることが予想される。30年後の20代は10年後に生まれることになるが、彼らは親の年代（10年後だと30代から40代）やその上の年代からも女性文末詞を聞くことはないため、そこで女性文末詞が急に若い世代に復活するとは考え難い。現在の政府の女性活用政策の推進から考えても、今後、ますます女性は社会の中で男性と同様に働いていくであろうし、結婚後も男女共に働き、家庭内においても子供を産むこと以外は、従来のような男女の役割分担の意識は薄れていくだろう。現在でも、従来の女性文末詞であった「の」は男性にも普通に用いられていることから推察しても、今後もすでに始まっている男女のことばの中性化はさらに進み男女のことば

づかいはさらに近づくであろうし、それを止める社会的理由が見つからない。どこかの会議でセクハラ発言をしたような年代の男性たちも、いずれは後数十年後には平均寿命に達するため、「女は女らしいことばづかいをすべきだ」などというイデオロギーはいずれ過去のこととなるだろう。

　また、他の 70 代と思われる研究者がこう質問した。「と言っても、現実として小説やマンガ、それに映画の翻訳などには、いまだ男女のことばの差は残っていることから考えても、そういうメディアから女ことばを若い世代が学んで使い始めるとは考えられませんか」。筆者はその質問に対しては、次のように答えた。

　確かに、小説やマンガにはまだ女ことばも男ことばも残っているし、映画などの翻訳に関してはそれ以上である。しかし、小説でも若い世代の著者の作品からはそのような性別を強調する話し方は消えており、ドラマでさえ、最初にデータを収集した 2004 年以後、徐々に減少していき、80 年代後期に女性文末詞オンパレードで書いていた脚本家も、2013 年前期のドラマでは 30 代の女性たちにはまったく使わせていない、という変化が見られた。したがって、これは書き手の現状認識の問題であり、たとえ以前、「女は女ことばを話す」というイデオロギーに影響されていたとしても、現状への気づきより現実を反映したドラマを作りたいと思えば、自ずとそのキャラクターのことばづかいをも注視せざるを得なくなるわけである。ドラマの世界は、その脚本家のみならず、確実に特に女性文末詞に関しては変化してきている。それゆえ、メディアもいずれは実社会の変化に追従する形で気づけば、メディアからも女ことばは消えてしまう時代は、もうすぐそこまで来ているのではないかと推測されるのである。

　筆者がそれを見届ける日まで元気でいられることを願うばかりだ。

注
1) 水本、他（2006b）が、対象をトレンディドラマ風のものに絞ったのは、場面設定や登場人物、話の筋が現実的であり、実際の会話と比較しやすいという理由からである。漫画やアニメを原作としたドラマを含めることも考えられたが、時代設定が現代であっても、登場人物の台詞が原作の影響を受けている可能性があるため除外した。また、現代風にリメイクされていても、原作の時代設定が古い小説や、ストーリーが非日常的なサスペンス系のドラマも対象外としている。
2) 会話後のヒアリングにより、日頃の話し方がロールプレイによって制限されたり、影響され

て不自然になったりしなかったか確認した。多くの女性は、「夢中になって話したから、自分がどう話しているかは考えている余裕はなかった」と回答した。
3) ドラマの脚本家の日本女性像に関しては、水本光美・福盛寿賀子・高田恭子（2008）において脚本家へのアンケート調査分析によって明らかにされている。
4) 金（2011）によれば、お互いに意見を言い合う自然会話においても、「〜んだ」「〜だろう」「〜だよ」「〜だよね」「〜だね」などの男性性の高い表現が使われているにもかかわらず、自分の意見を言い切らない「意見保留」や「意見放棄」などが観察された。
5) 会話収集は2012年9月から11月にかけて東京都区内、千葉県、神奈川県にて実施。生まれた時から共通語環境の中で育ち、共通語による学校教育を受けてきており、家庭内外双方で共通語を話す20代の女性達10名の主な居住地は、東京都区内、東京都下三多摩、千葉県千葉市、船橋市、習志野市である。

〈章末資料〉

ロールプレイカード4種：

水本・福盛（2007a）、水本（2010）で使用：ロールプレイ① ② ③

水本（2012）で使用：ロールプレイ① ④

反論のロールプレイ：① - A

　昨日、親友Bが若い男性と楽しそうに手をつないで歩いているのを見ました。相手は誰か、彼氏ができたのか、など、知りたくてたまらないので、率直に聞いてください。あなたが見たのは確かに彼女で、見間違えではないということに、あなたは自信があります。親友である自分に本当のことを言わない相手に腹もたっています。相手に本当のことを言うように説得してください。

反論のロールプレイ：① - B

　親友Aが、昨日あなたが若い男性と一緒に歩いているのを見たと言っていますが、あなたは、昨日は一日中、体調が悪くて一人で家にいました。昨日は誰からも電話などかかって来ず、一人で家に居たということを証明することはできません。でも、友達が見たのは人違いで、あなたは親友に嘘をついたりしないということを、きっぱり言ってください。それは見間違いであったのに、親友である自分を疑う相手に腹もたってきました。相手に反論して納得させてください。

反論のロールプレイ：② - A

　あなたは、大企業に勤めていますが、最近、関わっているボランティア活動に非常に興味を持ち、会社をやめてアフガニスタンの復興活動のために現地に行きたいと思っています。現地がまだ危険なことは承知していますが、日本のNGOの指揮のもとに診療所の建設

や緑化活動、支援物資の配布などをして現地の人びとを助けたいと思っています。親友Bにあなたの気持ちを打ち明けて、反対されても、自分の考えを曲げずに主張してください。

反論のロールプレイ：②-B
　　親友Aがあなたに相談をします。あなたは断固反対してください。あなたの親友は安定した大手企業に勤めていますが、仕事をやめて、アフガニスタンにボランティアとして現地支援に行きたいと言い出しました。まだ現地は治安が悪くて危険なところだと聞いています。Aの考えに反対し何とかして思いとどまらせてください。

反論のロールプレイ：③-A
　　昨日の日曜日は先輩の家の引っ越しの手伝いに親友Bと一緒に行くことになっていました。あなたは行って夜遅くまで手伝いをさせられましたが、Bは連絡もせずに来ませんでした。あなたは月曜の朝、Bにどうして来なかったのか、どんなに引っ越しの手伝いが大変だったか、文句を言ってください。

反論のロールプレイ：③-B
　　あなたは昨日の日曜日に先輩の引っ越しの手伝いに親友Aと一緒に行くことになっていました。が、せっぱつまった理由で連絡もしないまま行くことができませんでした。Aに事情を説明し、自分がどうしても行けなかったことを分かってもらってください。

反論のロールプレイ：④-A
　　あなたは、実は、付き合っている彼に以前から暴力を振るわれています。昨日も、暴力を振るわれ、顔を腫らしています。彼は、本当は優しい人だと思うのですが、時折、どういうわけか、激しく暴力を振るいます。別かれようと考えたこともありますが、やはり、今でも彼のことが好きです。今までにも親友からは、別れるように勧められてきましたが、どうしても別れる気持ちにはなれません。親友Bの考えに反対し、自分の気持ちを訴えて、分かってもらってください。

反論のロールプレイ：④-B
　　あなたの親友Aがつきあっている相手は、以前から親友に暴力を振るうことがあります。昨日も、彼に暴力を振るわれたらしく、彼女は顔を腫らしています。あなたは、その男とは絶対別れるべきだと思っています。今までにも彼女に別れるように勧めてきましたが、いつまでも煮えきらない彼女の態度に対して腹もたってきています。今日こそ、あなたの考えをはっきりと伝え、別れるように強く説得してください。

第2部　日本語教材は現代日本女性のことばづかいを反映しているか

第3章

日本語教材における女性文末詞の使用実態調査

1. 調査方法：若い世代の女性キャラクターの女性文末詞使用

1.1. なぜ日本語教材か

　本書序章の1.「現代の若者世代の変化による"気づき"から」において、2001年に中国出身の学部留学生たちが授業のロールプレイにおいて女性文末詞を使用しているのを知り驚いた、という話をしたが、実は、筆者は、90年代にアメリカの大学で日本語を教えていた時には、日本で出版された教科書を使用したことがなかった。そのため、日本国内における日本語教科書による女性文末詞の扱いがどのような状況であるかは、まだ正確に把握できていなかった。確かに中国で日本語を学習してきた留学生たちは教科書によって女性は女ことばを用いるように学習してきてはいたが、それは国外のことであり、日本国内で作られた教科書はすでに若者のことばの変化が教科書に反映されているだろうと少なからず期待してはいた。なぜなら、私自身がその頃より10年も前にアメリカで教えていた頃にはすでに若い女性学習者にも女性文末詞を使用することはやめていたからであった。

　しかし、それまで長年日本国内で日本語を教えてきた日本語教師らに聞いてみると、教科書では、日本語には男ことばと女ことばが存在するという前提のもとに、若い女性による女性文末詞使用が頻繁に認められるとのことであった。そして、教科書に書かれている女性文末詞は、実は若い世代からは消失しつつある、と明確に教えている教師がほとんどいなかったのである。確かに彼らは、昔より女ことばが減少していっているという傾向には、おぼろげには気づいてはいた

が、それがどの程度に、またどのように減少しているのかに関してはまだ把握していておらず、また、地方に居住しているゆえ、日常生活が標準語環境ではないこともあり、とりあえずは生活上の必要性もなかったため、教科書どおりに指導していたとのことだった。

しかし、実際に教育現場では、学習者から男女の文末詞の使い分けに関する質問を受けることも少なくなく、その際に、若い世代から消失しつつあると言われている女性文末詞を、どのように指導していくのが望ましいのかを知るデータの必要性が実感された。そのことがきっかけとなり、2000年半ば、当時、日本語教育現場で使用されている日本語教科書をはじめとする日本語教材を調査し、学習者が教室外で触れる実社会の自然会話における女性文末詞使用状況を調査した先行研究と比較することにより、今後の指導方針を見極めようと考えたのである。

1.2. 先行研究の概要

尾崎（1997）、中島（1997）、小川（1997, 2004）、水本（2005, 2006b）、水本他（2006a, 2007b）などの先行研究による自然会話における実証研究成果が、日本語教育に反映されていない点については、Okamoto, Shigeko and Sato, Shie (1992)、Okamoto (1995)、トムソン木下千尋・飯田純子（2002）、Kawasaki, Kyoko & McDougall, Kirsty (2003)、鈴木睦（2007）らにより指摘されている。日本語教科書をジェンダーの観点から調査した研究はいくつかあるが、女性文末詞に焦点をあてた日本語教材の調査研究は少なく、Siegal and Okamoto (2003)、Kawasaki & McDougall (2003)、および水本・福盛・高田（2009）が、明確な独自データを紹介している数少ない研究である。

まず、Siegal, Meryl and Okamoto, Shigekoは、アメリカ国内で広範に使用されている7冊の日本語教科書を調査し、先行研究（Okamoto and Sato 1992）による女子大学生らの自然会話から得た結果（90年代初頭の女子大学生らが女性文末詞を1割ほどしか使用していないこと）と比較した。その結果、教科書は日本の男女の典型を描いており、モデル会話は多くの場合、伝統的ジェンダーの規範に順応していることを、いくつかの例文とともに報告した。(Siegal and Okamoto 2003: 51-54) しかし、この研究では、例文を提示するのみにとどま

り、統計的な立証には至っていない。

次に Kawasaki & McDougall (2003) においては、日本国内で92年から96年に出版された中級の教科書3冊のカジュアル会話から各キャラクターの最初の400発話をスクリプト化し、文末詞別に、Masculine、Neutral、Feminine、Other の4種類に分類。その上で Okamoto and Sato(1992)の自然会話分析データと比較した。その結果、教科書の中の女性キャラクターの話し方は伝統的な女性のステレオタイプを映し出していると報告し、教科書は過剰に一般化された間違った日本社会を示しているため、学習者の社会言語能力上達の助けにはならないとしている (Kawasaki & McDougall 2003: 52-53)。この研究は、「教科書は一般化しすぎたステレオタイプではなく実社会の話し方を反映すべきである」と明確な意見を述べているが、分析対象が中級教科書3冊のみでデータ量も限られてはいるため、やはり統計上の課題を残している。

1.3. 研究対象と研究方法

以上の先行研究は、1987年から2000年に出版されたアメリカの教科書7冊と、1992年と1996年に日本国内で出版された教科書3冊を調査し、有意義な結果を報告したものである。これらの先行研究の結果を踏まえ、筆者は、さらに日本国内で製作・出版されたより新しい、より多種、多数の日本語教科書の確実な統計をとった上で分析する必要性を認識した。

そこで、水本・福盛・高田 (2009) においては、前述の自然会話と同じ分析法を用い、日本国内の日本語教育現場で広く使用されている日本語教材（主に初中級の教科書、聴解副教材、日本語能力試験の聴解、日本留学試験の聴解・聴読解など）から、1994年以降に発行されたもの全39冊を選出し、20代30代の若い世代の女性キャラクターが登場するダイアログを詳細に調査分析した。水本らが、それ以前のものを含めなかったのは、90年代初頭には、実社会において若い世代の女性たちが女性文末詞を用いなくなったとは言え、まだ若干使用していたことが認められたからである。それゆえ、この研究目的のためには、使用しなくなった時期以降に制作されたもので制作年ができる限り新しいものを調査対象としてデータ収集する必要があると考えた。

水本、他 (2009) の調査結果は、初級教科書1冊を除いて他のすべての初級

および中級教科書において、女性文末詞は少ないもので50%、他は64%から92.31%までと極めて高い率で使用されていることを明らかにした。ここに紹介するのは、この研究結果を踏まえ、著者が、2000年代後半に出版された新出教科書5種を加え（水本2012）その他、日本語能力試験や日本留学試験、および近年出版されたその対策問題集など、その後調査分析した教科書以外の教材を加えた合計52種類の調査分析結果である。

次が調査対象とした教科書および教材である。具体的な教材リストは章末資料の日本語教材リストを参照されたい。これらは、国内での書店数社における販売リストと売り上げランキングを参考として日本国内で広範囲に使用されているものであり、この中の多くは海外でも広く使われている。

① 教科書：初級8冊、中級8冊（うち中上級1冊）
　　　　モデル会話的なダイアログのみデータ対象
② 聴解副教材：初級5冊、中級3冊（初中級1冊、中級1冊、中上級1冊）
③ 日本語試験：a. 日本語能力試験
　　　　　　　　　平成15年から21年の1級、2級計14回分
　　　　　　　b. 日本留学試験
　　　　　　　　　平成16年〜平成20年第1回まで、平成23年第2回、
　　　　　　　　　平成24年〜平成25年第2回まで、計14回分
④ 日本語能力試験対策練習問題集：2010年〜2012年出版の2級対策4冊、
　　　　　　　　　　　　　　　　1級対策4冊、計8冊

初級前期の教科書のうち普通体での会話が導入されていないものは研究対象とはしなかった。①教科書の中上級が1冊しかないのは、中上級教科書は大半が読解中心で会話ダイアログが少ないためである。②聴解副教材の中級と中上級が各1冊ずつなのは、中級以後は能力試験や留学試験対策の聴解練習を行うことが多いため、教材自体が少ないことによる。また、カジュアル会話のダイアログで、スピーチや講義などの一方的な発話は調査対象から除外した。調査対象の話者は、自然会話と同様に20代、30代の若い女性とし、40代以上の中高年女性や年齢不詳と思われる話者は分析対象から外した。ただし、会話の音声を聞き、女性の声や話し方から明らかに若い女性だと確認できた場合は、データに含めた。このように、教材の調査対象の年代を若い世代に限定したのは、女性文末詞

の使用が稀少である年代における自然会話と教材との使用率の差異を明確にするためである。女性文末詞率の数値化は、第1部第1章2.2.「自然会話収集と分析法」と同様に「二項対立表」を用い、有効発話総数中における女性文末詞使用数の割合を女性文末詞使用率として算出した。

2. 調査結果：初中級の日本語教科書、聴解教材、試験の聴解問題

2.1. 調査結果と分析

　次の図3-1は、調査した日本語教材における若い世代の女性登場人物による会話中の女性文末詞使用率である。図のX軸の左8冊が初級教科書で右8冊が中級教科書である。データ番号のAからPで示してある各教科書名は、章末の教科書リストを参照されたい。データ番号の右横は出版年（92は1992年、00は2000年、03は2003年）であり、その下に示された数字58や6などは、有効発話数を示している。初級では「です・ます」で話される丁寧体での会話例が多いため有効発話数は中級に比較して全体的に少ない。この図から、初中級の教科書においては初級の2冊（教科書Dの0％とGの9.38％）以外の16冊

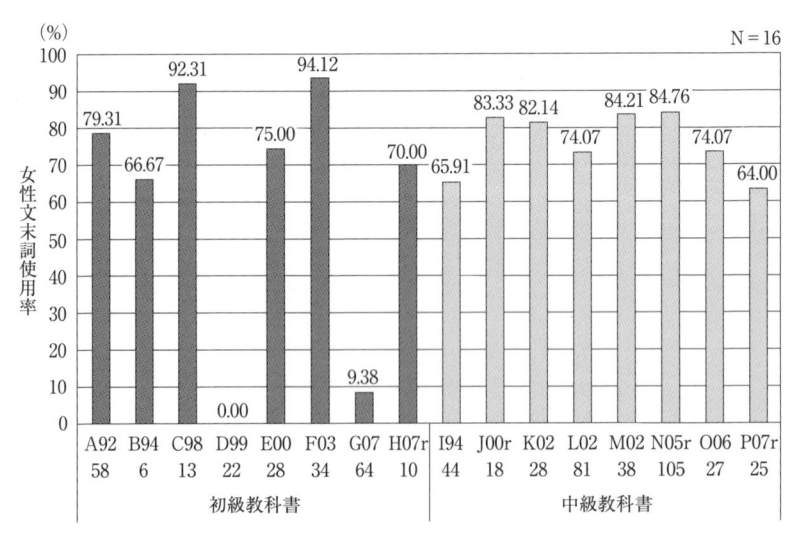

図3-1　日本語教材における20代〜30代の女性登場人物による女性文末詞使用率

の使用率は64%から94.12%と極めて高いことが分かる。教科書Cは、本冊は「です・ます」体で通してあるため、普通体によるカジュアル会話は出現しないが、聴解問題部分の会話には出現する。ここにはその使用率を示した。教科書Gは高校生向けの内容であり、主人公とその友人たちはじめ主要登場人物たちが高校生であるため、使用率が低くなっているのではないかと推察される。日本語教科書の平均使用率は、初級教科書で60.85%、中級では76.56%と極めて高い。

次の図3-2は、水本、他（2009）による聴解副教材における女性文末詞率のデータに今回新たにデータを追加して作成したものである。聴解副教材では、最も少ない初中級Wの15.38%から最も多い初級Rの90.14%まで、すべてに女性文末詞使用が認められた。聴解副教材の平均使用率は、日本語教科書のそれに比較すれば少ないが、それでもなお54.1%と高い数値を示している。

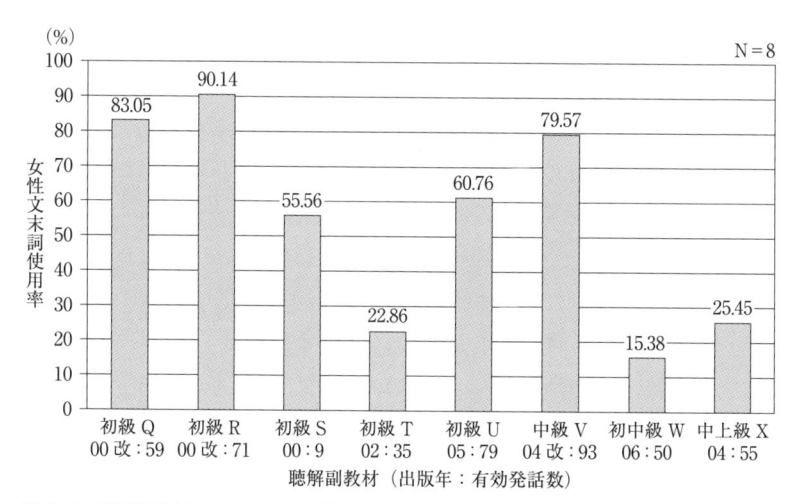

図3-2　聴解副教材における20代～30代の女性登場人物による女性文末詞使用率

次頁に日本語能力試験の聴解問題における会話部分の調査結果を図3-3に示す。これは先行研究（水本、他2009）による平成15年から19年までのデータに今回平成20年と21年のデータを加えたものであり、左が2級レベルで右が1級レベルである。どちらのレベルも平成19年までは、使用率は40%以上であり、

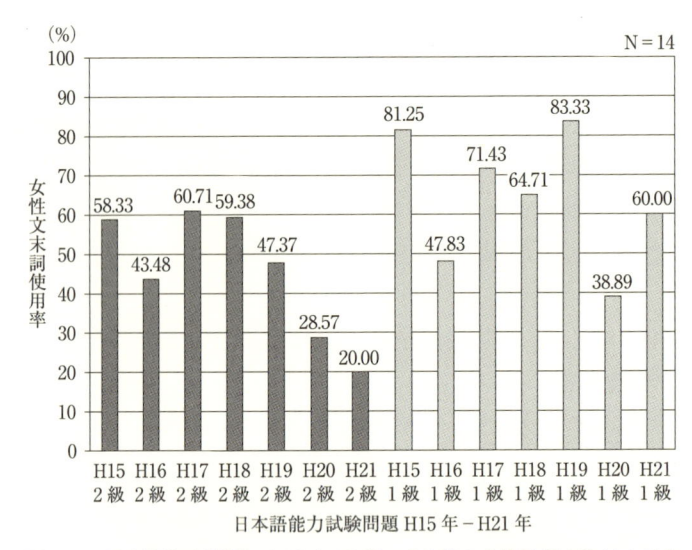

図3-3 日本語能力試験における20代～30代の女性登場人物による女性文末詞使用率

特に1級試験は平成15年81.25％、平成19年83.33％と極めて高い。それでも平成20年には38.89％とかなり下降したが、翌年の21年には再び60％と高値を示している。一方、2級試験は平成20年から過去最高値（60.71％）の約半数以下（28.57％）に減少し、翌年はさらに約3分の1の20％までと下降傾向が見られる。15年から21年までの日本語能力試験の平均使用率は65.68％である。

日本語能力試験は、平成22年より新しい試験を開始し、さまざまな面で変化したが、その試験問題は公開されていない。ただ、2012年に発行された最新の問題集（日本語能力試験公式問題集N1およびN2）の聴解部分を見る限り、若い世代の女性登場人物の女性文末詞使用率は更に減少しているため、今後、ますます減少して自然会話に近づいていくことが期待される。

次頁の図3-4は日本留学試験の聴解・聴読解の会話部分における使用率である。日本留学試験は平成16年に第1回の試験が実施されたが、半年ごとに異なる内容の試験が実施されるため、実施回それぞれの値を示してある。水本、他（2009）による調査結果による平成16年度から20年度第1回までのデータに、今回、平成20年度第2回および平成23年度第2回から25年度のデータを追加

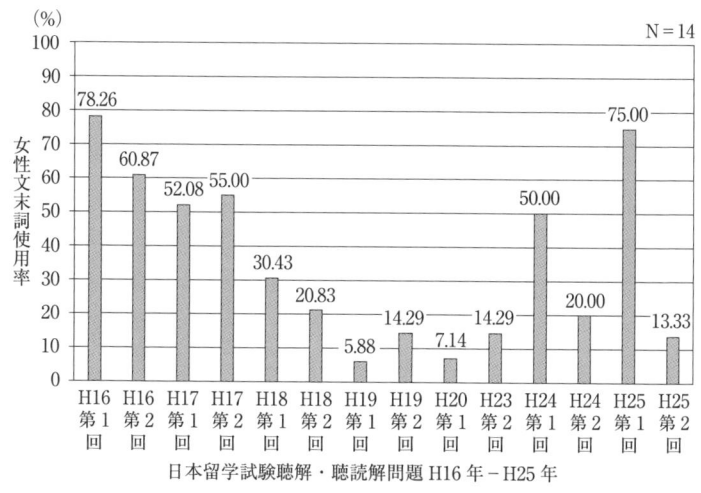

```
             (%)                                        N = 14
             100
              90
              80 78.26                              75.00
              70
       女    60   60.87
       性    50        52.08 55.00                50.00
       文    40
       末    30             30.43
       詞    20                  20.83        14.29     20.00
       使    10                       5.88 14.29   7.14      13.33
       用     0
       率       H16 H16 H17 H17 H18 H18 H19 H19 H20 H23 H24 H24 H25 H25
               第1 第2 第1 第2 第1 第2 第1 第2 第1 第2 第1 第2 第1 第2
               回  回  回  回  回  回  回  回  回  回  回  回  回  回
                    日本留学試験聴解・聴読解問題 H16 年 – H25 年
```

図3-4　日本留学試験における20代〜30代の女性登場人物による女性文末詞使用率

したものである[1]。

　まず初年度の平成16年第1回目は78.26％であったが、年を経るごとに減少傾向が認められ、特に平成18年からは30.43％、20.83％と減少傾向がさらに進み、平成19年以降は5.88％、14.29％、7.14％と極めて低い数値を示している。平成19年第1回の数値5.88％と20年第1回の数値7.14％は自然会話における同年代の使用率とほぼ同程度であり、高頻度が続く日本語能力試験とは異なる傾向を見せている。試験問題の制作者名は公開されておらず真実は確認できないが、平成18年あたりからスクリプト作成メンバーが大幅に入れ代わったのか、あるいは、2000年代半ば頃から若い世代が女性文末詞を使用しないという現実が作成者に認識された可能性も考えられる。ところが平成24年第1回は50％、平成25年第1回は75％と、再び女性文末詞率は急上昇している。それに対して両年の第2回の方は数値が20％、13.33％とそれぞれ低い。

　この4回分のデータだけでは断言はできないが、少なくともこの2年間の第1回目と第2回目のスクリプト作成者は明らかに意識が異なり、この数値の高いほうの作成者は、現在の若者が女性文末詞を用いずに話している現実を認識していないか、あるいは、認識していても現実の話し方をスクリプトに反映させる必要

性を意識していないことが推察できる。いずれにせよ、過去14回分の日本留学試験においては、平成19年、20年両年の第1回および第2回、25年の第2回は、現実の社会における若者のことばづかいを反映している数少ない例である。そのため、日本留学試験の平均使用率は、日本語教材や日本語能力試験に比較して、35.53％と低くなっている。

　次に、日本語能力試験の対策本として数多く出版されている試験問題集を見てみよう。ごく最近（2010年から2012年）出版された日本語能力試験対策練習問題集8冊の聴解・聴読解における若い女性登場人物による女性文末詞使用率を調査してみた。本試験と同様に左4冊が2級、右4冊が1級レベルの問題集である。前頁の図3-4では、日本留学試験は平成18年（2006年）辺りから若い女性の登場人物の女性文末詞使用率は減少し、平成20年（2008年）には、実社会の自然会話と同程度にまで減少したことを観察したが、試験対策練習問題集では、それ

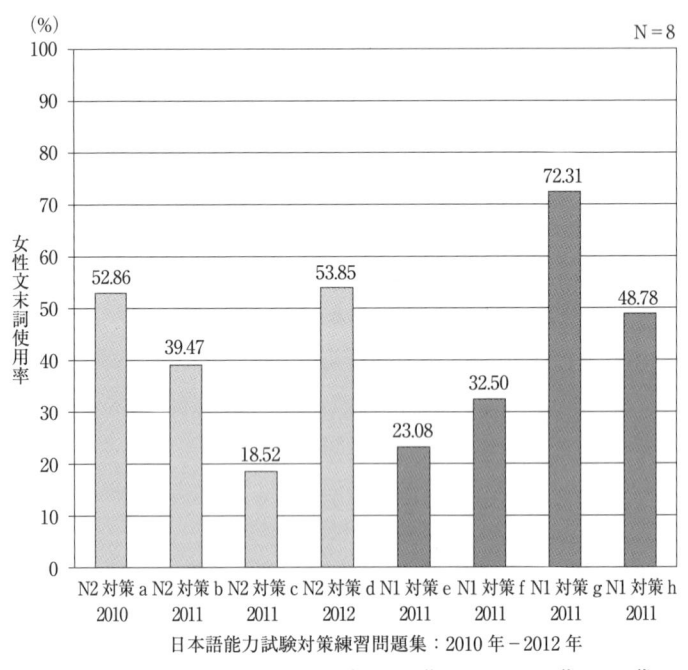

図3-5　試験対策本・聴解・聴読解練習問題集における20代〜30代の女性登場人物による女性文末詞使用率

第3章 日本語教材における女性文末詞の使用実態調査　69

以後に出版されたものでも残念ながらその傾向は見られない。次の図3-5に示したように、2011年のＮ２対策本の18.52％とＮ１対策本の23.08％は、他の年より少ないが、その他は30％以上から70％以上と高使用率である。これら8冊の平均使用率は42.67％である。

これらの対策本の筆者は多数の異なる筆者やグループからなっており、当然のことながら、本試験の作成者とは異なる。言うまでもなく、会話のダイアログを作成する筆者の女性文末詞使用に関する認識、すなわち、「現代の若い女性は女性文末詞を使用しない」という認識の有無によって大きく左右されるということが、これからも明らかであろう。

以上に示した、各種日本語教材における20代、30代の女性登場人物による女性文末詞使用率の平均と、自然会話の同年代女性の同使用率平均とを比較したものが次の図3-6である。

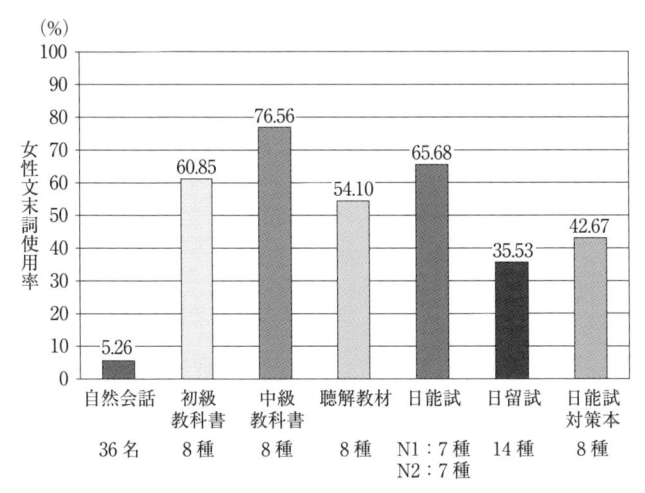

図3-6　自然会話と日本語教材の比較：20代～30代の女性による女性文末詞使用率

自然会話の平均使用率は5.26％（ごく少数が使用してもそれぞれ1、2回のみ）であるのに対し、初級教科書は60.85％、中級以上の教科書76.56％、聴解教材54.42％、日本語能力試験65.68％、日本留学生試験35.53％、日本語能力試験対策問題集42.67％と、日本語教材はいずれも自然会話の7倍から10倍以上であ

る。中でも中級以上の教科書の使用率が最も高く、実社会の15倍近くにものぼる。初級教科書の平均使用率が中級より低いのは使用率ゼロの教科書Dと使用率9.38％の高校生向けの教科書Gを含むためであり、それを除けば中級同様ほぼ80％と高使用率である。この値から、日本語教科書中の若い女性登場人物の過剰な女性文末詞使用は、現実社会とは乖離した状況を提示していると言わざるを得ないであろう。さらに、この状況は、2000年代に出版された教科書の改訂版においても、未更新なのである。

2.2. 女性文末詞の提示例と例文

では、日本語教科書において女性文末詞がどのように提示され、どのように会話の中に用いられているか具体的に見ていこう。まず、女性文末詞の導入方法に関しては、次の初中級教科書4冊に見られるように、カジュアル会話導入の際に、男女のことばづかいの違いを例1から例4のように明示的に区別して提示している。

〈提示例：初級教科書A〉
例1. いい天気だね。♂
　　　いい天気ね。♀
例2. この辞書、便利だよ。♂
　　　この辞書、便利よ。♀

〈提示例：初級教科書B〉
例3. 〔＊よ =used by females、　だよ =used by males〕〔Casual Style〕
　　A：そつろんってなんのこと？　ときどき聞くんだけど。
　　B：あ、卒論っていうのは卒業論文の略で、…つまり、4年生のときに書く論文のこと〔よ／だよ＊〕。

〈提示例：初級教科書E〉
例4. 〈男の人の会話〉　　　　〈女の人の会話〉
　　　A：これ、おいしいね。　A：これ、おいしいわね。
　　　B：そうだね。　　　　　B：そうね。

〈提示例：中級教科書O〉
「わ」→感じたことや主張を伝えるときに使います（主に女性の言葉）。
例5. あの映画は素晴らしかったわ。

　初級教科書Aは、「普通体による会話では、男性と女性は、特有の異なる文末表現を用いる」と説明した後に、男女別の文末詞を対比させた一覧表を掲げている。また、「カジュアル会話においては、男性と女性は、典型的な男らしさや女らしさを出したい時は、異なる表現を用いる傾向がある」というように英語で説明した後に、上述のような「男マーク」か「女マーク」を加えて、男女のことばづかいを数多く例示している。初級教科書Bには、「わ」の説明があり、「若い世代の女性は"わ"の代わりに"よ"を使いがちである」という説明はあるが、実際の会話例には、若い女性登場人物にも「わ」が多数（女性文末詞率67％近く）出現している。

　初級教科書Eは、初版が80年代後半に出版され、この研究のデータ収集では2000年の改定版を用いたが、2013年にさらに改定版が出されている。しかし、男女の文末詞の扱いに関しては、最新の改定版においても男女の会話としてその文末詞の違いを意識させる文型を従来どおり導入して例示している。

　水本、他（2009: 19）が報告しているように、「各初級教科書では、常に女ことばと男ことばを対比させ、違いを意識させる方法で導入し、練習ダイアログに組み込まれていることが特徴となっている」のである。次に、初級教科書における例文を示す。

〈初級教科書における若い女性登場人物による女性文末詞使用例〉（下線部：女性文末詞）

例6.　A：やっぱり冬は温泉がいい ｛ よ。なあ B。♂
　　　　　　　　　　　　　　　　　わよ。ねえ、Bさん。♀

　　　B：うん、そう ｛ だね。♂
　　　　　　　　　　 ね。♀

例7.　若い女：あそこのイタメシもおいしいのよ。
　　　若い男：へぇ

例8.　会社員男：友だちが映画の招待券くれたんだけど、いっしょに見に行かない？
　　　女子学生：いいわね。どんな映画？

72　第2部　日本語教材は現代日本女性のことばづかいを反映しているか

　　　　　（中略）
　　　　　会社員：今度の土曜日はどう？
　　　　　女子学生：いい<u>わよ</u>。
　　例9.　男子学生：Sさんが今年はRさんも誘えって、うるさいんだよ。
　　　　　女子学生：何<u>よ</u>。それじゃ、私はおまけってわけ。
　　　　　男子学生：いや、別にその、そういうわけじゃないんだけどさ。
　　　　　女子学生：失礼しちゃう<u>わね</u>。まったく。
　　例10.　若い女1：バス、なかなか来ない<u>わね</u>。もう6時半<u>よ</u>。
　　　　　若い女2：そう<u>ね</u>。コンサートに間に合わないかもしれない<u>わ</u>。

　中級教科書も初級教科書と同様であるが、男女のことばづかいに関してより詳しい説明を加えている。例えば、中級教科書Oは2000年代の半ばに出版された会話の教科書だが、これも初級教科書Bと同様に、女性の「わ」を提示し、男女のことばの違いを説明した後に、「最近ではことばの男女差がなくなってきて"わ""わよ""かしら"などの女性専用のことばはあまり使われなくなってきている」と追加説明をしているにもかかわらず、大半のモデル会話の中では若い女性たちが頻繁に女性文末詞を使用している（約74％）。中級教科書Pは、97年に初版が出版され、それには「男ことばと女ことば」という1ページにわたる男女のことばづかいの区別に関する詳細な説明がある。それによれば、「外国人が必ずしもこういった表現を使う必要はない」としながらも、「日常会話における自然な日本語」であるとして、「女ことばや男ことばの使い分けを覚えたほうがよい」と男女のことばの区別を積極的に取り扱っている。この改定版が約10年後の2000年代後半に出版されたが、男女のことばの使い分けは従来どおりであり、90年代初頭から数々の研究によって若者からこのような使い分けが消滅していると報告されてきたにもかかわらず、現代社会の若い世代における言語使用の変化を反映した改定ではない。
　このように、中級教科書になると、男女のことばづかいの差異を前提として次の例のように、若い女性にも女性文末詞を頻繁に使用しているのである。（下線部が女性文末詞使用部分）

　　　〈中級教科書における若い女性登場人物による女性文末詞使用例〉（下線部：女性文末詞）
　　　例11.　男：少しずつ慣れてきたけど、学生時代と違うよね。

女：そりゃ、そう<u>よ</u>。私のほうは通勤時間が長くて大変<u>よ</u>。毎日うちに帰ったら寝るだけ<u>よ</u>。佐々木君はいい<u>わね</u>。

例12. 女：山田部長の考え方はちょっと古い<u>わよね</u>。
　　　男：そうだね。もっと今の時代にあった考え方をしてほしいよ。

例13. （女AもBも「若い女性」との但し書き）
　　　女A：鈴木さん、今日は元気ない<u>わね</u>。どうした<u>のかしら</u>。
　　　女B：課長にしかられたんだって言ってたけど。
　　　女A：どうしてなの？。
　　　女B：電話の応対が悪いってしかられたらしい<u>わ</u>。

例14. 留学生男：日本人は、悪いことしてないのに、すぐに「すみません」とか「ごめんなさい」とか言うけど、どうして？
　　　日本人学生女：あ、それは「ありがとう」の意味な<u>のよ</u>。気を悪くさせたのなら、ごめんなさい。
　　　留学生男：ほら、また言った！
　　　日本人学生女：これは本当の「ごめんなさい」<u>よ</u>。

例15. OL1：もう30分も待っているのに。まだ、開かない<u>のかしら</u>。（F）
　　　OL2：あのテーブルの人たち、食べ終わったのに、まだ話している<u>わ</u>。（F）

また次の例のように、教科書の中には、日本人話者のみならず外国人話者の発話にも女性文末詞の使用が頻繁に見られる。

〈教科書の中の若い外国人女性による女性文末詞使用例〉（下線部：女性文末詞）

例16. 女子留学生：「かていきょうし」って？
　　　日本人女子学生：自分の家か生徒の家で教えること<u>よ</u>。家庭教師なら、会話の相手をしてあるだけで、けっこういいお金がもらえるはず<u>よ</u>。
　　　女子留学生：生徒って、どんな人<u>かしら</u>。

例17. 日本人女子学生：今度のゼミに発表の相談を、金曜日の夕方にしたいんだけど、大丈夫？
　　　女子留学生：金曜日？　困った<u>わね</u>。
　　　日本人女子学生：都合悪い？
　　　女子留学生：あいにく金曜日は友だちと一緒に食事することになってる<u>のよね</u>。今、国の友だちが遊びにきていて、うちに泊まってる<u>のよ</u>。

例18. 男子留学生：4月の終わりから5月の初めは休みの日が多いんですねえ。
　　　女子留学生：うん、ゴールデンウィークって言う<u>の</u>。旅行したり、出かけたりする人が多い<u>のよ</u>。

　　　（中略）

男子留学生：じゃ、いっしょに行きませんか。僕も行ってみたいんですよ。
　　　　女子留学生：いい__わよ__。
　例 19.　女子留学生：私もＮさんみたいに料理が上手になりたいなあ。
　　　　日本人女子学生：私もそんなに上手じゃない__わよ__。
　　　　女子留学生：そんなことない__わよ__。

　以上のように、年齢や国籍にかかわらず「女性話者は女性文末詞を使用する」という傾向が日本語教科書の特徴のひとつであることは否めない。
　この傾向は、日本語能力試験や日本留学試験の聴解・超読解などにも同様に見られる。次の例は、それぞれの試験から抜粋したものである。

〈日本語能力試験の中の若い女性による女性文末詞使用例〉（下線部：女性文末詞）
　例 20.　若い男性：前略）君だってコンサートなら興味ないじゃない。
　　　　若い女性：そりゃそう__ね__。好みの問題__ね__。
　　　　若い男性：だろー、だから……。
　　　　若い女性：わかった__わ__。じゃあ、出口のところの喫茶店で、お茶でも飲んで帰る？
　例 21.　女子学生：あ、よく焼けてる__わね__。夏休み中に海にでも行ったの？
　　　　男子学生：ううん、発掘調査のせい。
　　　　女子学生：そういえば、考古学の授業で夏休みに調査があるって言ってた__わね__。
　例 22.　女子学生：飲み物？　飲み物はいらない__わ__。
　　　　男子学生：でもね、ここのコーヒーおいしいんだよ。ぼくは食後にコーヒーにするよ。
　　　　女子学生：そう。じゃあ、あたしも、そうしよう__かしら__……。あら、でもずいぶん高い__わね__。やっぱり、やめておく__わ__。
　例 23.　女子学生：金融の世界も変化が激しい__わよね__。アジアに強い所と欧米に強い所が一緒になるんだから、強力__よ__、きっと。
　　　　男子学生：でも、もともと本社が東京にあるのと大阪にあるのなんだろう。うまくやっていけるのかなあ。
　　　　女子学生：タイプが違うほうがいい__わよ__。新しい経営のアイディアも出るかもしれないし。

〈日本留学試験の中の若い女性による女性文末詞使用例〉（下線部：女性文末詞）
　例 24.　女子学生：あ、ちょっと見せて。ねえ、午後の研究発表だけど、発表時間はこれで足りる__かしら__。
　　　　男子学生：うん、できればたくさん時間とりたいんだけど、あんまり遅くもさ

第3章　日本語教材における女性文末詞の使用実態調査　75

　　　　　　あ………。
　　　　女子学生：それはそうよね。
例25.　男子学生：先輩、第2外国語はラテン語だそうですけど、(中略)今では、誰
　　　　　　も話す人がいない言語ですよね。
　　　　女子学生：そうね。普通は将来の進路につながるような外国語を選ぶかもね。
　　　　　　あなたは確か、中国とのビジネスに関心があるから中国語を選んだ
　　　　　　のよね。
　　　　男子学生：ええ。
　　　　女子学生：ラテン語にはそういう実用性はないわね。覚えるのも難しいし。
例26.　若い女性：最近、近所の外国語学校に、料理を習いながらドイツ語が勉強でき
　　　　　　るっていうクラスができて、通ってるの。
　　　　若い男性：ふーん。でも、料理に関する単語ばかり覚えてもなぁ。
　　　　若い女性：それがね、料理の話だけじゃなくて、文化や歴史の話まで話題がど
　　　　　　んどん広がっていくのよ。

　以上のように、例を挙げると限りがないが、試験対策本においても、同様な例文が多数見られることからも、スクリプト作成者の認識と意識が現代の若者による言葉づかいの変化にいまだ対応していないことが明白であろう。

2.3.　教材における主張度の高い女性文末詞

　第1部第2章では、TVドラマにおいて、通常は女性文末詞を使用せずに話す若い女性登場人物が感情的な場面になると突如として「主張度の高い女性文末詞」を用いる、いわゆる"スイッチ型"が存在することを紹介し、その使用例は現実社会において若い女性達のよる自然会話にはまったく認められないということをデータで示した。ここでは、日本語教科書における同様なスイッチ型を紹介しよう。

　次は、高校生向けの初級教科書に出てくる会話である。使用率は調査対象全16種類の教科書中、2番目に低い9/38％であり、ほぼ自然会話の使用率と同等である。

〈初級教科書G〉
例27.　男子高生：このメロンパンととりかえて。おねがい。
　　　　女子高生1：いやだよー。

男子高生：このままだと頭の中、やきそばパンのことでいっぱいで、午後の授
　　　　　業が手につかないから…。おねがい、とりかえて。
女子学生１：知らない<u>わよ</u>。そんなこと。
女子学生２：じゃあ、私の、いいよ。
女子学生１：え、いい<u>よ</u>、そんな。

例 28. 上級生：見学の人？
外国人女子高生：はい。
上級生：中で見たら。
外国人女子高生：見てもいい？
日本人女子高生：（びくっ）E、だめ<u>よ</u>。先輩には、「見てもいいですか」。
外国人女子高生：見てもいいですか？
上級生：どうぞ。

　例 27 と 28 の中で下線部に注目してみると、例 27 の女子高生は通常は女性文末詞をまったく使用せずに話しているため、最初は通常どおり「いやだよー」と軽く拒否している。しかし、男子学生が、理由を述べて懇願すると、怒り気味になり「知らない<u>わよ</u>」と突如、女性文末詞にスイッチするが、友人が気を利かして自分のものを男子高生のものと取り替えると言うと、彼女は平常心にもどり、「え、いい<u>よ</u>、」と通常の話し方に戻っている。例 28 の方でも、後輩の外国人女子高生が先輩に対して「見てもいい？」と友だちことばを使用したため、日本人女子高生があわてて「だめよ」と否定している場面である。どちらの例も、ＴＶドラマのスイッチ型のように平常心を失った際にとっさに主張度の高い女性文末詞が突発的に出てしまう例である。

　この他にも 2 か所、この日本人女子高生の発話には、攻撃の「何<u>よ</u>」や悲観的な「だめなの<u>よね</u>」など、同様に感情的あるいは否定的になると主張度の高い女性文末詞が突然出現する。この教科書にはこの女子高生の姉（おそらく女子大生）も登場するが、時々女性文末詞を使用するところから推察すると、このスクリプト作者は若い女性が女性文末詞を用いないことを認識しつつも、思わず、ＴＶドラマと同様に女性による強い感情的表現に"ヴェール"をかけるように無意識に使用してしまったのではないかと思われる。

　聴解教材でも、次のように使用率が比較的に低いものに同様な傾向が見られる。

〈聴解教材 W-1〉
例29. 弟：あれ、お姉ちゃん、ヘアスタイル変えた？
　　　姉：うん、変じゃない？
　　　弟：変じゃないよ。けっこう似合ってると思うよ。
　　　姉：よかった、なんか心配してたんだ。（中略）
　　　弟：心配することないよ。似合ってるから。それに、前より、だいぶやせて見えるから、
　　　姉：それ、どういう意味よ。

〈聴解教材 W-2〉
例30. 夫：ん？ どうした？
　　　妻：あのね、実家のお父さんからのファックスなんだけど、白い紙しか出て来ないのよ。今までこんなことなかったのに。
　　　夫：お父さん、字が汚いからじゃないの？
　　　妻：何ばかなこと言ってんのよ。

　教材Wは1と2の2冊から成り、3名の同じ作者によるものであるが、会話も非常に自然であり若い世代の生の会話が生き生きと描かれている。この2冊の女性文末使用率の平均は15.38％と、自然会話の3倍近くの使用率ではあるが、それでも他の聴解教材に比較すれば、格段に低く、若者のことばづかいに関する作者の認識が高いことが見て取れる。上記の会話が同じ作者によって書かれたかどうかは分からないが、どちらも、相手に対して怒りを感じた際に主張度の高い女性文末詞が突発的に出現することで共通している。また、例30で「白い紙しか出てこないのよ」と、否定的なことを聴き手に訴えている時にも女性文末詞が出ている。他にも、2か所だけだが、同様にスイッチ型に転じているところが認められる。このことから、この教材の作者にも、女性が相手を攻撃したり否定的な発言をしたりする際には、"ヴェール"効果としての女性文末詞を用いたということが推察される。

2.4. まとめ

　日本語教科書、副教材、日本語試験、試験対策本などに関する以上の調査から次の点が確認された。

（1）日本語教材中に現れる若い女性の女性文末詞使用率は、近年の一部の日

本留学試験を除き実社会における自然会話の7倍から15倍と極めて高く、過剰使用が認められる。
(2) 多くの日本語教科書のカジュアル会話において、女性の文末詞は男性の文末詞と対比的に導入され、年代、国籍にかかわらず性別による話し方の違いが存在することが強調されている。
(3) 日本語教材における女性文末詞の過剰使用は、実際に若い世代の自然会話から女性文末詞が消滅し始めた80年代末から20年以上を経てもなお、作者によって現実が正しく認識されず、現実社会とは乖離した状況を提示し続けている。
(4) さらに、この状況は、2000年代中判過ぎに出版された教科書の改訂版においても未更新であり、時代の変化とともに教科書のコンテンツは一部改訂されても、こと文末形式に関してはその変化が注視されていない。
(5) 教科書の中には「最近は若い人たちは女ことばを話さなくなってきている」と明記しているものもあるが、それにもかかわらず、その本の会話部分には若い人が女性文末詞を多用しているという矛盾も見受けられる。
(6) ごく最近に発行された教材の中にはわずかではあるが、自然会話に近い文末形式を用いているものも見出される。しかし、それらにおいても、TVドラマにおけるように、感情的になったり否定的になったりした場合、突如として女性文末詞を部分的に用いる主張度の高い女性文末詞の用法が見受けられる。

日本語教材や試験問題で女性文末詞が多用される理由としては、水本、他(2009)が2点挙げている。
(1) 制作者による教材作成の際の女性文末詞使用実態への無関心から
(2) 男ことば女ことばの存在は日本語の特徴として教えるべきであるという考え方から

(1) については、10年から20年近く前に作成され今世紀に入り改定されている数種の教科書が良い例である。教科書のコンテンツで一部取り扱うテーマや内容に変更が加えられている場合でも、文末形式に関する変更はまったくなされていないのが大半である。制作者が時代とともに若い世代による使用文末形式が変化している現実を認識していないか、あるいはしていたとしても、こと文末に関

しては無関心であることが伺い知れる。(2)に関しては、教科書制作者は、現在の日本社会における若い世代による日本語の使用実態を把握せず、「女性＝女ことば」という従来の固定観念のまま教材を作成しているのかもしれない。また、仮に彼らが実態を把握していたとしても、女性文末詞は丁寧な響きを持ち、「女性は丁寧に話すことが望ましい」というジェンダー・イデオロギー的見地に立てば、「日本女性の美しい女ことばは日本語の特徴として継承していくべきである」という従来の考え方によるとも推察される。

　言うまでもなく、小説やドラマの中に女ことばが使用されている以上、知識として教えることに異論はない。しかし、第1部第2章で見たように、ドラマでの使用は脚本家により役柄がデフォルメされた言語であり、現実使用とは場面も用法も異なるということも正しく伝える必要がある。小説もまたしかりであろう。

　これらの現代社会の現実を教科書が反映していなければ、現場の教師がその現実を認識した上で適切に教えない限り、学習者は誤った認識を持ち自らの言語使用も不適切に学習してしまう危険性は大いにあるのである。そのような事態を招かないようにするためにも、日本語教材は今こそ新たな認識を持ってコンテンツのみならず、それを表現する肝心の言語使用が再考され既存の教材が改訂されるか、あるいは、新たな教材が作成されることが望まれているのである。

注
1)　平成20年度第2回から22年度までは、絶版あるいは出版社在庫切れで手に入らなかったため、データには含まれていない。

〈章末資料〉

調査日本語教材リスト（水本、他2009 + 水本2012 + 本書による）

種類	級	番号	書名	出版年	出版社
日本語教科書	初級	A	Situational Functional Japanese: Model Conversation	1994	凡人社
		B	Total Japanese: Conversation 2	1994	早稲田大学
		C	みんなの日本語　初級II（本冊）	1998	スリーエーネットワーク
		D	げんきII	1999	The Japan Times
		E	初級日本語IIテキスト改訂版（文化初級）	2000 改訂	凡人社
		F	まんがで学ぶ日本語（生活編）	2003	アスク
		G	エリンが挑戦！にほんごできます	2007	国際交流基金
		H	Japanese for Busy People III（3rd edition）	2007	講談社インターナショナル
	中級	I	中級の日本語	1994	The Japan Times
		J	ニューアプローチ　中級日本語（基礎編）	2002	日本語研究社
		K	J Bridge	2002	凡人社
		L	なめらか日本語会話	2005 改訂	アルク
		M	まんがで学ぶ日本語会話術	2006	アルク
		N	マンガで学ぶ日本語表現と日本文化（多辺田家が行く！！）	2009	アルク
		O	会話の日本語	2007 改訂	The Japan Times
	中上級	P	ニューアプローチ　中上級日本語（完成編）	2002	日本語研究社
聴解副教材	初級	Q	毎日の聞き取り50日（下）	1998	凡人社
		R	楽しく聞こう	2000 改訂	文化外国語専門学校
		S	聴解が弱いあなたへ	2000	凡人社
		T	Total Japanese Conversation2 問題集	2000	早稲田大学
		U	みんなの日本語II　聴解タスク25	2005	スリーエーネットワーク
	中級	V	テーマ別日本語（ワークブック聴解）	2004 改訂	研究社
		W	日本語生中継（中上級）	2004	くろしお出版
		X	日本語生中継（初中級1）	2006	くろしお出版
試験	能試		平成15年度～21年度：日本語能力試験問題と正解（1級2級）	2004-2010	凡人社

第 3 章　日本語教材における女性文末詞の使用実態調査　*81*

試験対策本	留試		日本留学試験 試験問題：16 年度〜 19 年度（第 1 回、第 2 回）20 年度（第 1 回）23 年度（第 2 回）24 年度〜 25 年度（第 1 回、第 2 回）	2004-2013	桐原書店
	日能試	a	日本語能力試験 N2　聴解・読解	2010	ユニコム
		b	実力アップ！　日本語能力試験 N2　聞く（聴解）	2011	ユニコム
		c	日本語能力試験　N2　スピードマスタ	2011	J リサーチ出版
		d	日本語能力試験　レベルアップトレーニング 聴解 N2	2012	アルク
		e	新完全マスター　聴解　日本語能力試験 N1	2011	スリーエーネットワーク
		f	耳から覚える　日本語能力試験　聴解トレーニング N1	2011	アルク
		g	日本語能力試験　徹底トレーニング　N1 聴解	2011	アスク出版
		h	「日本語能力試験」対策　日本語総まとめ N1　聴解	2011	アスク出版

（出版社名の「(株)」および「株式会社」などは省略）

第4章

日本語教材が学習者に与える影響

1. 日本語教材の言語的問題点

1.1. 起こり得る危険性

　本書の第1部で確認したように、現代の実社会では、若い女性にとって女性文末詞は冗談や皮肉、あるいは特殊な業界用語（いわゆる"オネエ言葉"）に代表される"特殊表現"として意識され、「通常は用いないもの」として認識されている。しかし、第2部で見てきたように、日本語教科書をはじめ多くの日本語教材の中では、若い世代の女性話者にも過剰使用されているのが認められる。日本語教材は、本文の中や巻末に会話のスクリプトが記載されており、その音声が実際に聞けるCDが付いている。中には、教科書のモデル会話を聴きながら声に出して練習することを前書きの「教科書の使い方」で勧めているものもある。

　ここで問題であるのは、第1に、教材の中で繰り返し、若い女性が中年以降の女性と同様に頻繁に女ことばを話すスクリプトを読んだり、その音声を聴いたりしていれば、自ずと、それが実社会でも自然な話し方であるとの印象を学習者に与え、結果的には学習者はそれを模倣しようとする傾向があるということだ。第2に、教材に示されたとおりに女性文末詞を使った会話を、教室で若い女性に実際に練習させれば、実際とは異なる不自然な日本語を学習者に体験的にインプットしてしまい、それが化石化してしまうことにもなり兼ねないという点である。

　ことに標準語圏の若い学習者が日本語学習の初期段階に、女性文末詞を年代にかかわらず女性の当たり前の話し方として捉えてしまえば、教室の外に一歩出て現実の場面で若者の話し方に接した場合、違和感を持ったり、戸惑ったりする原

因のひとつともなりかねない。また、標準語圏以外や海外における学習者は、標準語圏の若者の話し方に実際に接する機会はそれほどないため、「女性＝女性文末詞の使用」という観念的な化石化が起こる可能性も高い。

　いずれの場合も、現場で教える教師が現実の言語使用状況を把握しており、それを学習者に伝えて適切に対処すれば、その危険性を免れることは可能だろうが、現場で教えているのは、そのような教師ばかりではない。地方や海外に長年居住していれば、実際に標準語に接する機会は少なく、ことばの変化に注意を払っていても、メディアを通して受動的に知るしかないわけであり、そのような情報に注視しない限り、過去の経験や知識（女性は女ことばを話すもの）は化石化して根強く残存する[1]。また、よしんば、教師が首都圏に居住してはいても、自分が女ことばを話す年代であり若者の話すことばにさほど注意を払わず、現実の変化に気づかないということもあるわけだ。そのような場合、教科書が学習者の誤解を招く要素を提供しているということも否めない。

　この点に関しては、教科書や聴解問題集のみならず、日本語試験にも類似傾向が認められる。水本、他（2009: 21）が指摘したように、試験はその他の日本語教材類とは異なり、一過性のものであるため、実際には受験者にとって、これらの不自然な女性文末詞使用は、さほど耳には残らないかもしれない。しかし、試験合格を目指し、これらの問題集を用いて過去の問題を繰り返し聴かせたり、これらの試験問題を模範として類似した問題集を練習させたり、さらに教師自身が類似問題を作成し学習者に学ばせたりする現状を考えれば、やはり一過性の試験問題とはいえ無視できないであろう。

1.2. 実験調査：女性文末詞を用いる会話練習をさせたら

　水本、他（2007b）は、次に述べる実験調査によって上述の「危険性が実際に起こること」を実証した。この研究においては、女性文末詞が会話に頻繁に現れる教科書を用いて授業を行った場合、学習者がどのような会話を展開するのかについて実験が行われた。実験に使用した会話モデルは、次のような「ソフトに主張する」場面である（前章巻末 pp.80-81 に掲げた調査教科書リスト中の中級教科書Mより）。

女1：ねえ、夏休みにみんなでどこか行きたくない？
男1：いいね！　行こう行こう。海は？　みんなで泳ごうよ。
女2：え〜。わたしは山がいいわ。海は行きたくないわ。
男1：あ、そう…。高橋さんは？
女1：う〜ん。海もいいけどねえ。山のほうがいいかも。
男1：そ、そう…。
女1：あ、でもどっちでもいいわ。

　この会話中の女1は日本人学生、女2は外国人留学生であり、どちらもこの教科書の会話中では始終一貫して女性文末詞を使うキャラクターである。実験対象とした学習者は来日2か月以内、会話能力レベルは、この教科書の日本語能力レベルにあわせ、ACTFL-OPI[2]の中級の下から中程度の19歳から28歳までの留学生14人、うち女性は10人（中国人7人、オーストラリア人1人、韓国人1人、台湾人1人）である。
　この教科書は、この女性2名にかかわらず他の若い女性たちも女性文末詞を使用して話すのだが、このモデル会話が導入されている課には、「文末につける助詞」として、「主に女性の言葉」として「わ」が「感じたことや主張を伝えるときに使う」と説明されている。実験の際に教科書どおりの説明をすれば、学習者は間違いなく、モデル会話どおりに「わ」を使用するため、この実験では教師が教科書の「わ」に対する説明には触れず、それでもモデル会話の影響から「わ」が学習者らから出てくるかどうかを見極めようとした。
　また、この教科書の指導例には、「CDを聴きリピートさせる。できるだけCDに近づくよう繰り返し練習させること」とある。しかし、この実験ではCDは聞かせたが、特にモデル会話の口頭練習やリピート練習は行わず、「ソフトに主張する」場面における表現、「〜がいい」「〜たい」「〜かもしれない」を既習の表現として簡単に確認するにとどめた。その上で、学習者同士をペアにし、同様の場面で、意見の異なる相手に対しソフトに自己主張する自作のロールプレイを課した。オリジナル教科書の会話は女性2名、男性1名の会話であるが、被験者が充分に調達できなかったこともあり、少しでも多くのデータをとるためにあえてペアでの会話とした。
　以下はオーストラリア人（女）とイギリス人（男）の会話例である。

女子学生：ねえ、夏休みにみんなでどこか行きたくない？
男子学生：いいね。行こう行こう。北海道は？　北海道は涼しいよ。
女子学生：えー、私は沖縄がいいわ。北海道は行きたくないわ。
男子学生：ああそう。
女子学生：うーん、でも沖縄では泳げるし海が綺麗だし、
男子学生：でも北海道がいいよ。
女子学生：うーん、じゃあ北海道でもいいね。

　この実験の結果、女子学生10名中7名の発話の中に教科書と同様の女性文末詞「わ」の使用が見られた。使用した7名の学習者は、来日後の2か月間、ほとんど日本人と普通体で話す機会を持っていなかった者である。一方、「わ」を使用しなかった学習者3名は、日本人と話す機会の多い学習者であり、「友だちは使っていないから」という理由で使用しなかった。
　この実験結果により、日本人との接触が少ない学習者は、教える側が女性文末詞について若者世代は使用しないという説明を特にしない限りは、モデル会話をリピート練習させなくとも、「わ」を教科書どおりに、そのまま使ってしまう傾向があることがわかった。この実験に参加したのは、来日後間もないOPIの中級話者であり、「わ」を使用した学習者らも、日本人の友人たちとの接触経験を積み、さらに会話能力が上達するにつれ、これらの女性文末詞を自然に使用しないようになることは充分推測されるが、それも、彼らのおかれた言語環境によるところが大きいとも言える。
　2013年の夏、ある東京の大学院において筆者が集中講義を行った際、受講生の女子留学生6名（中国、モンゴル、エジプト、ポーランド）らにヒアリング調査したところ、彼女らも、母国で日本語を学習していた際は女ことばを学び、日本人女性は若くとも女ことばを話していると理解していたようである。来日してから、日本人との接触場面が増えるにつれ、実は、若い人たちは教科書のようには女ことばを使用していないということに気づき、自分も使わなくなったとのことである。
　このように標準語圏の大学で学んでいる留学生であれば、日常生活から現実を知り自ら修正することも可能であるが、もし、これが地方で学んだ留学生であれば、誰かが現実を知らせない限り、自己修正は難しい。確かに地方では、日常生

活での普通体でのカジュアル会話においては、標準語ではなく地方の方言を用いることが自然であるため、方言に慣れてしまえば、実生活で女ことばを自ら使用するということはないかもしれない。しかし、日本語学習の初期段階に脳裏に刷り込まれた女ことばは、そのまま知識として化石化してしまう恐れは充分考えられる。まして、来日することのない海外での学習者であれば、教科書にそう書いてあり、CDで聴き練習すれば、教師が現状を知らせない限りは、事実を知らないまま化石として固定してしまうことは言うまでもない。

2. 今後、求められること：教育現場と教材制作

言うまでもなく、上述の実験結果でも明らかなように、教科書や現場の教師の役割は重要である。若い世代の女性たちのカジュアル会話において女性文末詞が消え始めてから（80年代末頃から）すでに4分の1世紀近く経過している。日本語教育関係者の中にも「そうは言っても、実際に日本では女ことばを使用している年代は存在するのだから」という理由で、教科書や教育現場で男女のことばづかいの違いを教える意義を唱え、「相手によって状況によって（若者も）女ことばを用いることがある」「（若者も）ポライトネスの用法として女ことばは必要」などという理由で、女ことばを教えるべきであるという意見もいまだ一部には根強い[3]。

しかし、現状を踏まえて近い将来のことを考えてみよう。まず、第1部第1章3の「調査結果：若い世代からの女性文末詞消滅傾向」で報告した自然会話中の女性文末詞使用実態調査結果でも明らかなように、40代女性の平均使用率は13.22％であるため、現在の40代女性でも使用は希少であると言える。したがって、後10年経過すれば、50代においても使用は希少であるという状況が予測される。また、女性文末詞をほとんど使用しない現在の30代の若い世代（使用率8.17％）が、10年後40代になった頃、現在、女性文末詞を若干使用している中高年以上の年代も、「使用しない」年代にとって変わられるのである。現在50代以上が日常的に用いている女ことばも、余程の政治的な社会の変革が図られない限り、あと30年もすれば社会では聞かれなくなるであろう。近い将来、女ことばをまったく話さない老年層も充分予測されるわけだ。

次に、「ポライトネス」や「相手や状況による」という理由も、実際に若い世代の女性たちへのアンケート調査結果[4]から、そうではないということが明らかだ。前述のように、日本の現在の若者たちは、「日常は使用しない」ことが明白であるし、「冗談や笑いをとりたいとき」に、女ことばを特殊な使用法としてしか用いないのである。「おばあちゃんが、今日、庭のバラが咲いたのよ、と言ってた」という引用に、かろうじて女ことばが残ることはあり得るが、それも、その「おばあちゃんが」女ことばを話さない世代になれば、引用にさえ出現しなくなるのだ。古い映画や小説の中の女ことばが引用されることはあっても、実生活の中では、女ことばが消滅している社会が到来する日は、やって来るであろう。

　したがって、日本語が日本社会の変容とともに日々変化しているという現実を正しく認識し、今後の教材制作のあり方を熟考していくべき時機が到来していることは確かであろう。現状として、50代以上の女性たちは、いまだ女ことばを用いることがある、また、古い映画や小説の中には、若い女性のことばづかいとして登場することもあるという事実も踏まえ、教科書で男女のことばづかいの差異の存在を説明することには異論はない。しかしながら、どの年代が使用しないのかという事実も正しく説明する必要がある。

　また、日本人の若い女性たちが実際には使用していない女性文末詞を、教材を通じて同世代の外国人学習者に運用練習させることの問題点は、先に指摘したとおりだ。すなわち、水本、他（2009: 21）でも発信したように、「これからの教科書は"recognition"と"production"の弁別を正しく伝え、かつ教育現場でも実践できることが求められよう。」すなわち、実社会における年配の女性や小説や映画の中の女性が用いる女ことばを聞いたり読んだりして理解できるようにしても（recognition）、若い学習者が実際に使うような学習法（production）は避けるべきである。

　さらに、今後、既存の教科書を改訂する際や新しい教科書を制作する際には、コンテンツの他に、この文末形式にも注意を払い、現状を認識した上で文末詞を熟考することが肝要である。確かに、教科書を作成することは多大な労力を有し、複数の制作者の協力なくしては成り立たない。しかし、先の第2部第3章の2.2.「女性文末詞の提示例と例文」にて問題点を指摘したように、「最近ではことばの男女差がなくなってきて女性専用のことばはあまり使われなくなってき

ている」や「外国人が必ずしもこういった表現を使う必要はない」と説明しながらも、一方で、本文中に数多くの女性文末詞が若い世代の女性キャラクターや外国人女子学生に使われている会話や例文を採用している矛盾は、精査し避けるべきである。

最後に、ごく最近出版された日本語教科書には、まったく女性文末詞が若い女性に現れていないということから、教科書作成者の認識と意識次第では、現実の社会における言語使用状況を反映した教科書が作成され始めたという例を紹介しよう。一つは『できる日本語』(2012, 2013)、もう一つは、主にマンガで会話が紹介される『日本語でインターアクション』(2014) である。どちらの教科書も日本国内で日本人著者グループにより作成され出版されたものである。どちらも、登場人物の中心が若い学生たちであり、普通体によるカジュアル会話は若い人たちの会話が中心である。

前者では、女性文末詞を使用する中高年の女性が登場する場面では、学生らが外の世界の人びとや目上に接する際に「です・ます体」で話すように設定されている。後者では、唯一、中高年らしい大家さん（マンガで描かれているその女性の顔から伺い知れる）や地域の人らしい中高年女性との接触場面があり、そこでは、その中高年女性らは「わね」「わよ」「かしら」などの女性文末詞を用いている。しかし、ことさら、"女ことば" の説明はなされていない。どちらの制作者も、現在の若者の言語使用状況を正しく把握し、ジェンダーに捕らわれない内容の教科書作成を心がけての産物であると思われる。

もちろん、教科書のコンテンツは重要である。しかし、日本語を教える教科書であるゆえ、まずは、その日本語を正しく伝えたいものだ。そのような意味で、この2種の教科書は、コンテンツ、言語の両面において、時代の変化を的確に捉えて教科書に反映するという努力がなされたものであると評価できる。どちらも、2012年以降に出版されたものであるが、現代社会において若者の通常のカジュアル会話から女ことばが消え始めてから約4分の1世紀が経って、このような教科書が作成されるようになり、ようやく "女ことば" という "ジェンダーの呪縛" から脱する時が始まったのである。

この女性文末詞使用実態の認識化は、ほんの一例であり、我々教育活動に携わるものは、時代とともに変化する言語使用に対して、ジェンダー・イデオロギー

に捕らわれることなく、今後も定着した変化に対して柔軟な姿勢を持ち続けることが必要であろう。

注
1) このことに関しては、後の第4部「日本語教師は教科書が伝えるものをどう考えているか」の日本語教育関係者へのアンケート調査結果からも明らかである。
2) ACTFL (American Council on the Teaching Foreign Languages) は、全世界12,000人以上の外国語教育関係者を会員とする全米外国語協会。ACTFLのOPI (Oral Proficiency Interview) は、30数か国語についての言語運用能力を同じ基準で測れる汎言語的な口頭能力テストであり、ACTFLの試験官資格保持者によりインタビュー形式で被験者の口頭能力レベルを判定するテスト。レベルは初級の下から超級（ネーティブレベル級）までの11段階に分けられており、ACTFLの言語能力規準は、アメリカのナショナル・スタンダードとして用いられている。
3) 本書の第4部第8章「日本語教師に対する意識調査」で報告する詳細なアンケート調査結果を参照されたい。
4) 第1部第1章の4「若い女性が女性文末詞を使う時、使わない時」pp.24-25参照。

第３部　日本語教科書に描かれる女性像は現状を反映しているか

第5章

日本語教科書が伝える日本女性像

1. イラストによって描かれる日本女性像

1.1. イラストの効果と教科書研究の目的

　第2部までは、日本語教科書をはじめとする教材における"女ことば"という言語面から調査分析したが、ここからは、言語面以外で日本女性像を印象づける教科書による日本女性の描写法に関して、教科書の中のイラスト（挿絵）と教科書における女性の役割分担に関するデータを観察することによって、教科書がどのような日本女性像を描こうとしているのかを考察する。本章の各項目は、最初に教科書で描かれているイラストに注目することから始まる。なぜイラストなのかというと、イラストのような視覚に訴える文化的描写が、こと日本語教科書の中には男女の社会的役割分担を強調するイメージとして描かれているものが多いからである。もちろん、教科書によってその程度の差はあるが、ジェンダーの視点から観察すれば、教科書の中では、昔ながらの女性のイメージが引き継がれているものが多数見受けられる。
　一般的に、教科書には、学習者の理解を容易にするためにさまざまなイラストが描かれる。Chandler, Paul & Sweller, John（1991: 293）は、「認知負荷理論」による情報処理能力の視点より、テキストを図表などで表すことで学習促進が図れるとしている。図表と同様にイラストも学習者の視覚に訴え、目から入るイメージは、テキスト理解促進に効果があると考えられる。河内幸子・早渕仁美（1992）や向後千春（1993）によっても明らかにされたように、適度なマンガの挿絵、イラストなどは、内容への関心を引き出し、テキストとイラストの組み合

わせは内容理解に効果があるとされている。また、周村論里（2009: 117, 131-132）は、教科書イラストの配置デザインに関する調査より、教科書内のイラストには適量というものがあり、絵と文章の双方を用いた説明が初学者に好まれることを報告している。

　これらのイラストの研究は、日本人学習者が対象であるが、外国人学習者が対象である日本語教育では、文字で表示されるテキストだけでなく、イラストによる具体的なイメージを持つことで、より理解が深まり学習効果が促進されることは言うまでもなかろう。これが単に、例えば「窓を開ける」と「窓が開いている」を説明するために、その状況理解を助けるためだけの挿絵ではなく、文化的イメージに働きかけるものであった場合は、写真や絵は大いに学習者の文化理解に影響を与える。自分自身が外国語を学んだ経験からも、教科書に描かれてあった挿絵は、特に文化的発見が伴う場合、しばらく脳裏に焼き付いていた。例えば、30年ほど前にフランス語を学んでいた際、初級教科書でさまざまな職業が紹介され、その中に、当時、日本ではあまり考えられなかった女性のエンジニアや運転手のイラストがあった。フランスでは女性でもそのような職業を持っているということを知った驚きは新鮮であったが、しばらくの間は、筆者にとってフランス女性のイメージの代表格として記憶に残った。

　このように外国語の教科書では、日本語教師は単に言語を教えるだけではなく、その背景の文化も（表層文化も深層文化も）伝える役割が期待されるため、教科書制作者は学習効果を狙って、伝えたいことをどのようなイラストで提示するのか熟慮するであろうし、その結果、イラストには教科書の内容に関して学習者の印象を左右する力があるといっても過言ではなかろう。

　そこで、本章では、まず、日本語教科書の中で女性に与えられた社会的役割を描写したイラストに注目することから始め、それらが伝える日本の女性像についてジェンダーの視点より考察する。次に、日本語教科書における、家庭内、職場内、職業、の3点について女性の役割分担を調査分析することにより、教科書が学習者に伝える日本の女性像を明らかにする。

1.2. 先行研究の概要

　一般的学校教育におけるジェンダーの観点からの教科書研究は、伊東良徳・大脇雅子・紙子達子・吉岡睦子（1991）、金丸扶美（1998）、松元敬子（2005）などにより、教科書の中の男女差別、日本の英語教科書の中の sexism、中学国語教科書が伝える男女観など、さまざまな視点から進められているが、日本語教育の分野ではジェンダーの視点から探った先行研究はまだ多くはない。その主だったものは、子供向け教科書の性別役割分業の挿絵分析を行った石田孝子（1998）渡部孝子（2001）、初級日本語教科書の性別役割分業や性差別的描写を分析した渡部孝子（2006）、初級日本語教科書と日本人向けの韓国語教科書を比較し男女差表現や役割分担などを調査した足立祐子・鄭賢熙（2006）、オーストラリアのあるビジネス日本語教科書においてジェンダーの取り扱われ方を観察したトムソン木下千鶴・尾辻恵美（2009）、日本語の初級教科書におけるイラストが伝えるジェンダー感に触れた佐々木瑞枝（2010）などが挙げられる。

　中でも渡部（2006）は、5種7冊の日本語初級教科書の量的分析をも行い、初級教科書における挿絵における男女比、職業における性別役割分担の描写比較、ステレオタイプの女性像・男性像、ディスコースにおけるポライトネス性差について考察し「どの教科書にも共通して、職業描写における明確な性別役割分業の描写、ステレオタイプの女性像・男性像、ポライトネスの性差という性差別的描写が含まれている」ことを報告している。また、挿絵における男女比についても研究分析を行い、「教科書によりかなり異なっているが、男性比率が女性比率より2倍～7倍と高く、明確に男性中心で不平等なものも認められた」と報告している。

　水本（2012）は、これらの先行研究により、日本語教科書はジェンダーの観点より世界的な女性差別撤廃への動きに連動しているとは言い難いことが、ある程度、明らかにされたと評価した。しかし、先行研究が調査対象とした教科書研究は、次の4点の理由からさらに発展の余地があると考えられた。①研究対象教科書が初級に限られていること、②調査対象の出版年が2001年以降のものがないこと、③調査対象の数が1種から7種までと比較的少数であること[1]、④渡部による研究以外の先行研究では、データによる立証がなされていないこと、などである。したがって、先行研究よりさらに新しく、初級に留まらず中級、そして

さらに多数の対象の立証的なデータが必要であると思われた。

そこで、さらに先行研究で扱っていないより新しい教科書に新たな変化が見いだされる可能性を求めて、2000年代に出版された初級教科書に加え、中級教科書を多数、研究対象とし、先行研究とは異なる視点から、先行研究には見られないさらに詳細なデータを示す調査を実施した。それらは、1998年から2009年までに出版された教科書の本冊、全16種18冊（章末リスト p.110 参照）である。調査対象は18冊であるが、同じ著者の執筆による日本語レベルが異なる教科書は2冊でも1種としたため、種類は16である。これらの教科書は、第2部の教科書における女性文末詞研究と同様に、日本国内で製作・出版され国内の日本語教育現場で広く使用されているものであり、この中の多くは海外でも広く使われている。これらは第2部で扱った教科書と同様、国内での書店数社における販売リストと売り上げランキングを参考として日本国内で広範囲に使用されているものを選択し研究対象としたものである。次にその調査研究から明らかになったことを見てみよう。

2. 家庭における女性の役割：専業主婦

2.1. イラストが描く専業主婦

日本語の初中級教科書の多くには、メインとなるモデル会話が提示されており、その他にも、練習会話や聴解問題会話など多数会話が扱われている。家庭における会話は、ほとんどの教科書で扱われているが、そこでは、「お母さんと子供」や「夫と妻」「姑と嫁」などの会話が主である。それに伴い、イラストも家庭内の女性は、主に母であり妻である役割で描かれている。彼らの大半は家の外に出て行く家族を送り出し、外から帰宅する家族を家で迎える専業主婦として描かれており、外へ働きに出る主婦の描写は極めて少ない。次頁の挿絵1から4のように主に家に留まる存在としての姿が主流である。

本章で紹介するイラストは、著作権の関係上、調査した教科書の中のイラストそのものではない。教科書中のイラストが描写しているものと同様なシチュエーションで教科書のイラストが伝えようとしているイメージの範囲内で、本書のために改めて他のイラストレーターが描いたものである。

96　第3部　日本語教科書に描かれる女性像は現状を反映しているか

挿絵5-1　娘を送り出す母

挿絵5-2　夫を送り出す妻

挿絵5-3　娘を迎える母

挿絵5-4　息子を迎える母

挿絵5-5　家族の留守中に電話を受ける

　これらはほんの一例ではあるが、教科書の中の女性は「母」あるいは「妻」として通常「家」の中に留まる「専業主婦」として描かれていることが多く、その象徴としてエプロン姿でイラストに表されている。また、今でこそ家族の誰もが携帯電話を所持しているが、少々前までは一家に一台の固定電話の時代が長く続いたこともあり、「家を守る」存在としての主婦が家族の留守中に外からの電話も

第5章　日本語教科書が伝える日本女性像　97

受ける、という状況もイラスト（挿絵5-5）とともに教科書でよく見受けられる場面である。また、家の中における主婦の一家団欒の描写は少なく、大半が家事の描写である。その代表的なものが挿絵5-6、5-7のような食事の世話であるが、ホストファミリーとして外国人学生の食事の世話、客が大勢来た際の食事の世話も主婦は常にテーブルの側に立ってかいがいしく食事を提供している姿が描写されている。

挿絵5-6　家族の食事の世話　　　挿絵5-7　来客時の食事の世話

教科書の中の主婦の行動範囲はごく限られており、家の外に出た場合も、ゴミ出し、家周りの掃除、近所の人との挨拶やおしゃべりの様子（挿絵5-8、5-9、5-10）のように、その話題は大方が子供のことである。

挿絵5-8　ゴミを出す主婦　　　挿絵5-9　外で話すことは子供のこと

挿絵 5-10　外で話すことは子供のこと

挿絵 5-11　デパートの化粧品売り場

挿絵 5-12　バーゲン会場

一方、主婦が近所より遠くへ出かける描写もあるが、せいぜいデパートの化粧品売り場かバーゲン会場程度で（挿絵5-11、5-12）、会社や出張や外での飲み会などと行動範囲の広い夫に比較すれば、日本の妻はあくまで家庭内での家事と育児生活が中心で関心事は子供だけ、というイメージができ上がりがちである。

足立・鄭（2006）が報告したように、確かに教科書によっては「中立的な立場をとっているもの」もある。しかしそれはごく少数であり、概して上述のような印象を受けるものが多いことは事実である。足立・鄭（2006）は、会話などに出てくる登場人物の状況でジェンダー・バイアスの表現と関係があると思われるものを列挙しているが、「母親は専業主婦」「出迎え側は女性が多い」「家事に関する動詞を扱う挿絵はすべて女性、あるいはホストファミリーのお母さん」「女性は主婦でお母さん」という役割が登場人物設定にも挿絵にも強調されているものがあることを指摘している（足立・鄭 2006: 30-33, 40）。

2.2. 教科書のデータ

では、教科書の中には実際にどれ程の専業主婦が登場するのであろうか。筆者が調査した初中級16種の教科書中、既婚女性が登場する13種を調査し、それらの主婦たちの労働状態を調べてみた。専業主婦か

どうかの判断は、文字表記、イラストの状況、会話の内容などから判断し、明確にそれと断定できない場合はデータには含めなかった。13種中、専業主婦が登場するのは1種を除いてすべてであったが、共働きの妻が登場するのは4種のみであった。

その結果、次の図5-1に示すように、既婚女性39名中19名（49%）が主に中年の専業主婦、共働き女性は7名（18%）のみであった[2]。不明13名（33%）は、単に「母」「奥さん」「妻」「老婦人」と表示されており、イラストではエプロンをしていたり家事をしていたり、また子供との会話であったりするが、専業主婦か共働きかは判断材料が見あたらなかった人物たちである。この類は中心となるモデル会話には登場せず、登場回数も少数であることから仕事を持っているかどうかは定かではないが、仮に、この中の少なくとも半数が専業主婦であると推察すれば、70%近くが専業主婦である可能性が高いであろう。

教科書では、このような頻度で、中高年の専業主婦に代表される既婚女性がイラストや会話の中で描写されており、従来型の「良妻賢母」として「女性は結婚したら家事と育児に専念し、夫の留守中に家庭を守る」というイデオロギーを象徴するイメージとして描かれているのである。これはいったい、何十年前の日本の姿なのだろうと思うのは筆者だけではないだろう。しかし、これが現在でも日本の現状であると信じる教師やこうあるべきであると期待する教師は、少なからず存在していることも、第4部第8章における教師に対するアンケート調査から

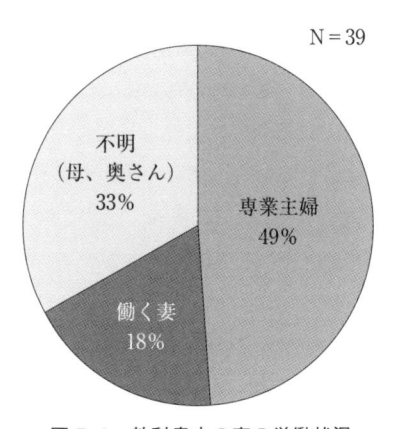

図5-1 教科書中の妻の労働状況

も明らかである。日本社会の現状を認識していない人が教師の中に存在するというのも事実である。この専業主婦と働く妻との比率が現代日本社会の実情を反映しているかどうかに関しては、次の章において現在の実社会から採取したデータと比較分析する。

3. 職場における女性の役割：一般職と事務職

3.1. 男性ばかりの職場

　渡部（2006）は、日本語教科書中のイラストの男女比に関し、5種7冊の初級教科書で調査し、7冊のうち3冊は、ジェンダーバランスに配慮した1:1で描いているが、その他の4冊は2:1から7:1と、男性の方が圧倒的に多いことを報告している。水本（2012）でも、職場における男女の描かれ方を調査したが、明らかに会議、出張、接待、など仕事を代表する場面では、男性のみが描かれているイラストが目立つ。（挿絵5-13から16参照）このようなイラストを教科書のあちこちで見る学習者は、現場の教師が現状を説明しない限り、日本の職場では女性は働いていないという誤解を生む可能性もあるだろう。また、「男は外で仕事」「女は家で家事と育児」という従来型の役割分担的固定概念をも学習者に植え付けることに教科書が一役買っているということにもなりかねない。

3.2. 職場の女性

　一方、女性の職場におけるイラストは、圧倒的に事務系一般職（いわゆる"OL"と言われる職種）の若い女性社員が多数登場している。これらのイラスト（挿絵5-17から20）に描かれている職場の女性は皆若く（20代）、OLの象徴とも言える事務職系の制服を着用している。彼らの職場での仕事内容に関しては、イラスト例に代表されるように、圧倒的にコピー、お茶くみ、電話応対、受付という一般職として総合職をサポートする業務内容であり、上司は男性となっている。

　また、ある中級教科書では、教科書中のメインキャラクターである家族の夫の職場の人たちをp.102の挿絵5-21のように紹介している。ここでは右側の4名の若手社員に注目したい。上2名が男性、下2名が女性だが、女性はOL特有の

第5章　日本語教科書が伝える日本女性像　*101*

挿絵 5-13　上司と部下も男性

挿絵 5-14　式典には男性ばかり

挿絵 5-15　男性ばかりの会議

挿絵 5-16　講演会の聴衆は男性だけ

挿絵 5-17　コピーの場面

挿絵 5-18　お茶くみの場面

102　第 3 部　日本語教科書に描かれる女性像は現状を反映しているか

挿絵 5-19　電話応対の場面

挿絵 5-20　受付の場面

制服を着用している。ここから推察できることは、若手男性社員は総合職、若手女性社員は一般職という図式であろう。この図には、左の上司らを含め、総合職の女性は描かれておらず、他の OL としての職場の仕事のイラストと合わせて見ると、もしかしたら、日本の職場には若い女性社員しかおらず、それもコピーやお茶くみや電話応対などのような、アルバイトででもできる仕事しかしないというイメージが植え付けられる恐れはないだろうか。

＜井上さんの会社の人々＞

高橋部長
（井上さんの上司）

池田
（井上さんの同僚）

小林

中村

前田

佐藤

挿絵 5-21　職場の人びと

3.3. 教科書のデータ：女性の職種と職位

　教科書が描く日本人の職場は、サラリーマンの夫あるいは父が務める会社が主であり、事務系が大半を占める。そこで、事務系の職場の女性たちが登場する教科書12種の中に出現する女性たちの職種と職位に関して統計をとってみたところ、次の図5-2のような結果が出た。図中、各職種名の横の括弧内の数字は人数を表す。

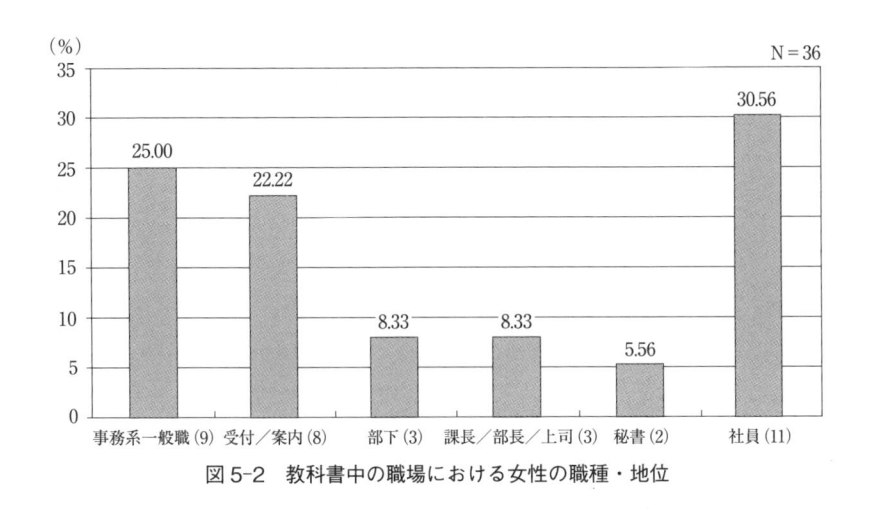

```
(%)                                                              N = 36
35
30                                                        30.56
25   25.00
          22.22
20
15
10         8.33   8.33
 5                      5.56
 0
  事務系一般職(9) 受付／案内(8) 部下(3) 課長／部長／上司(3) 秘書(2) 社員(11)
```

図5-2　教科書中の職場における女性の職種・地位

　これによると、36名の女性たちの25％は事務系一般職、22.22％は受付や案内係であり、これら一般職が半数近くを占めている。単に「社員」(30.56％)や「部下」(8.33％)としか表示されていない女性達が一般職か総合職かは確認不可能ではあるが、この中にも一般職の女性は少なからず含まれていると考えられる。したがって、一般職の割合は、少なくとも50％以上であると推測される。一方、役職付きの女性はわずか8.33％である。

　さらに、管理職、あるいは「上司」「面接官」などと管理職であることが示唆される記載が認められる教科書12種を調査したところ、次頁の図5-3のような結果が出た。役職付きキャラクター38名中、女性は11％の4名のみであり大半が男性管理職である。女性管理職を登場させている教科書は4種のみで、課長1名、部長1名、上司1名店長1名であるが、教科書のメインキャラクターとして登場させているのは、かろうじて2種のみである。

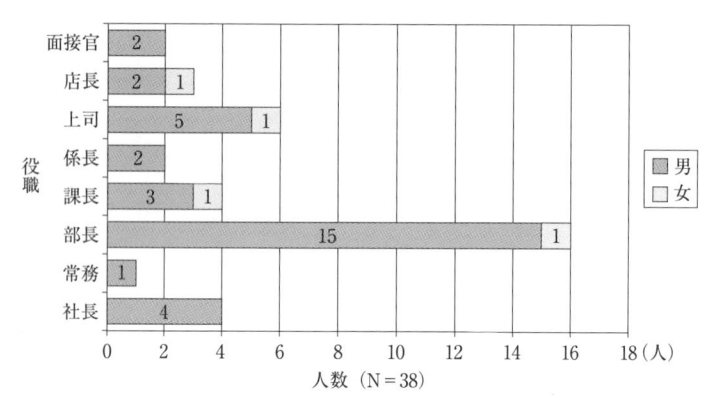

104　第3部　日本語教科書に描かれる女性像は現状を反映しているか

役職別人数（男女比較）

役職	男	女
面接官	2	
店長	2	1
上司	5	1
係長	2	
課長	3	1
部長	15	1
常務	1	
社長	4	

人数（N = 38）

図5-3　教科書中の職場における管理職男女比較

　教科書のイラストも、次の挿絵5-22から24のように男性に偏っている。女性管理職（部長・課長）を扱った教科書は2種のみであり、そのうち、イラストや会話で積極的に女性管理職の描写をしているのは、わずか1種であった。
　以上のようなデータやイラスト描写などによって、学習者は教科書を通して日本の職場にどのような印象を持つだろうか。日本語の教科書は概して、「日本の職場では、男性が主として働き、女性は職場のキャリア（総合職）である男性の仕事を補佐する役目として補助的な仕事をしている。しかも若い女性だけである。女性は結婚したら家庭に入り、専業主婦として家庭を守ることに専念するため、当然、職場で管理職になるまで働く女性は希少である」というイメージを伝

挿絵5-22　部長と係長 　　　　　　　挿絵5-23　部長と部下

第5章　日本語教科書が伝える日本女性像　105

えているのではないだろうか。このイメージは確かに30年から40年程前までは社会通念であった（ジェンダー・イデオロギー）かもしれないが、言うまでもなく、現在の日本社会を適切に描写しているとは言い難い。日本語の教科書の多くは、こうした旧来からのステレオタイプを学習者に伝えているのである。

挿絵5-24　部長を見送る部下

4. 社会における女性の役割：サービス業

4.1. 女性の職業：男性との比較

　日本語教科書の中の登場人物の職業は、学習者の生活環境（家庭とその周辺、および職場）の範囲内で通常接触する可能性の高いと思われるものが挙げられている。そこには、教科書の著者が考える世間で一般的なステレオタイプが採用されるわけであるが、女性の職業は次の挿絵5-25から28のように、サービス業が多数描かれている。

　実際に統計をとり男女別の職業を比較してみると、明らかに、教科書における男女の社会での旧来型役割分担の縮図が見て取れる。次頁の図5-4とp.107の図5-5は、教科書16種中の女性の職業と男性の職業である。ここには、教科書の

挿絵5-25　デパートの化粧品販売 　　　挿絵5-26　デパートの服飾販売

106　第3部　日本語教科書に描かれる女性像は現状を反映しているか

　　挿絵 5-27　客室乗務員 　　　　　挿絵 5-28　飲食店接客係

　メイン家族の父親が勤める「職場」は、業種・職種が明らかでないことが多く、図のデータには含めていない。
　図5-4に見られる日本人女性の職業では、デパート販売員が最も多く（14名）、受付（12名）、小売店員（12名）、ウェートレス／フロアー係（8名）、教師（11名）、デパート案内係（6名）と続く。上位6種までは、職業分類としては教師以外すべてサービス業と小売業であり、全体の6割以上を占めている　一方、図5-5に見られる日本人男性職業の上位6種は、小売り店員（24名）、教師（24名）、

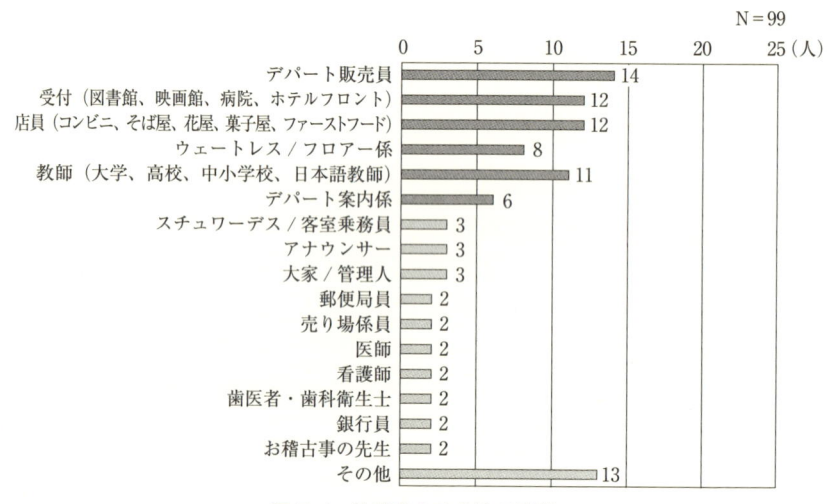

N=99

職業	人数
デパート販売員	14
受付（図書館、映画館、病院、ホテルフロント）	12
店員（コンビニ、そば屋、花屋、菓子屋、ファーストフード）	12
ウェートレス／フロアー係	8
教師（大学、高校、中小学校、日本語教師）	11
デパート案内係	6
スチュワーデス／客室乗務員	3
アナウンサー	3
大家／管理人	3
郵便局員	2
売り場係員	2
医師	2
看護師	2
歯医者・歯科衛生士	2
銀行員	2
お稽古事の先生	2
その他	13

図5-4　教科書中の女性の職業

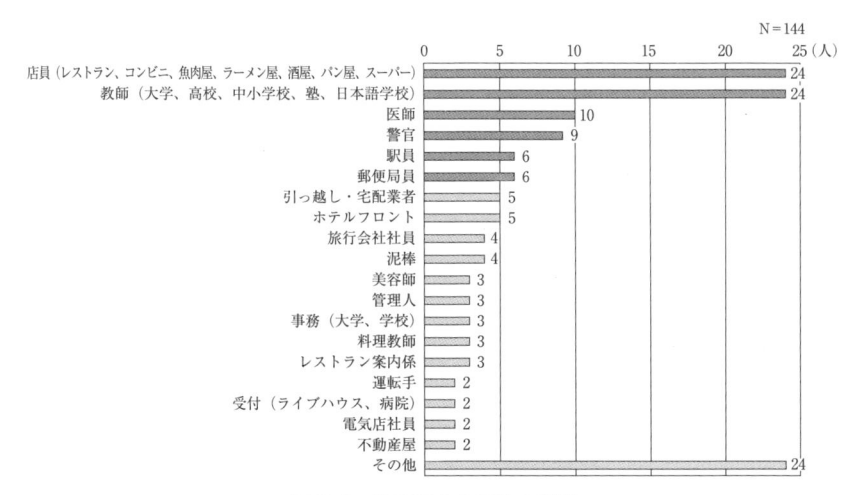

第5章　日本語教科書が伝える日本女性像

```
                                                    N=144
                      0     5    10    15    20    25(人)
店員（レストラン,コンビニ,魚肉屋,ラーメン屋,酒屋,パン屋,スーパー） ████████████████████████ 24
教師（大学,高校,中小学校,塾,日本語学校）      ████████████████████████ 24
                  医師 ██████████ 10
                  警官 █████████ 9
                  駅員 ██████ 6
                郵便局員 ██████ 6
         引っ越し・宅配業者 █████ 5
             ホテルフロント █████ 5
              旅行会社社員 ████ 4
                  泥棒 ████ 4
                 美容師 ███ 3
                 管理人 ███ 3
            事務（大学,学校）███ 3
                料理教師 ███ 3
            レストラン案内係 ███ 3
                 運転手 ██ 2
         受付（ライブハウス,病院）██ 2
               電気店社員 ██ 2
                不動産屋 ██ 2
                その他 ████████████████████████ 24
```

図 5-5　教科書中の男性の職業

医師（10名）、警官（9名）、駅員（6名）、郵便局員（6名）である。男性の職業分類としては、1位の小売業以外は、比較的社会的地位の高い教師、医者、公務員（警官）が上位を占めており、これらは男性全体の3割近くにのぼる。すなわち、日本語教科書において抱く日本人の職業感としては、多数の男性が社会的地位の高い知的職業に従事し、女性は、教師以外の大半が、主にサービス業や小売業などで社会を支えるという構図が印象づけられてはいないだろうか。

4.2.　男性に占められる教授と医師

　上述のように、日本語教科書には男女の職業の描写において著しい偏りが観察されるが、イラストによってもそれは強調されている。教科書における教育機関で「先生」と呼ばれる部類で最も多いのが大学教授であり、次頁の挿絵5-29から32までのように男性の教授や学校教諭で溢れている。確かに、理系学部では男性教師数の方が優勢ではあるが、文系学部では女性教師も多数存在するにもかかわらず、いったい、女性の先生はどこに行ったのだろうか。数多くの教科書の中で女性教員を描くイラストは、外国人留学生と和やかに談笑する日本語教師であった。（挿絵5-33）ちなみに、11名の女性教師中、大学教員は4名、小学校教員2名、日本語教師（日本語学校か大学かは不明）が4名、中国語教師が1

108　第3部　日本語教科書に描かれる女性像は現状を反映しているか

挿絵 5-29　大学教授

挿絵 5-30　大学教授

挿絵 5-31　大学教授2名

挿絵 5-32　小学校教諭

挿絵 5-33　大学の日本語教師

第5章　日本語教科書が伝える日本女性像　109

名であった。

　この傾向が顕著に表れているのが医師である。教科書の中の医師は次の挿絵5-34から37のように大半が男性である。世の中には、女性の医師もいるし医療関係なら看護師や薬剤師なども女性でほとんど占められているという印象が強いが、女性医師は教科書の2種のみに登場し、看護師は2種、薬剤師はわずか1種のみであった。

　以上のように、日本語教科書の中では、「大学教授＝男性」「医師＝男性」というイメージが会話や練習問題の中にも頻繁に現れ、イラストによってもさらに強調されているのである。このような教科書で学んだ学習者は、日本では医者は男性と理解してしまう恐れはなかろうか。

挿絵5-34　医師

挿絵5-35　医師

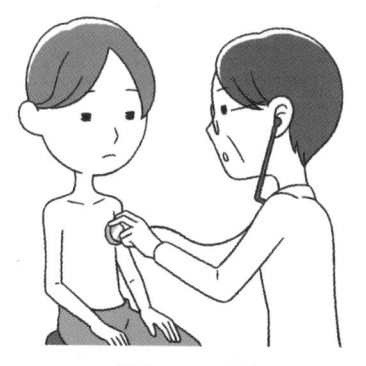

挿絵5-36　医師

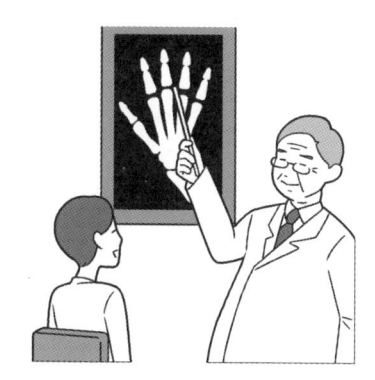

挿絵5-37　医師

以上の教科書による描写が現在の日本社会の実情を伝えているかどうかに関しては、次の章において実社会のさまざまなデータによって検証する。

注
1) 例えば、先行研究のうち、渡部孝子（1998）は1992年から1999迄に出版された子供向けの教科書7種、同（2006）は1998年から2001年までの初級教科書5種、足立祐子、他（2006）における日本語教科書は1987年から2000年までの初級3種、トムソン木下千鶴、他（2009）はオーストラリアで制作1998年に出版されたビジネス日本語教科書1種のみである。
2) 今回の図5-1、5-4、5-5のデータは、水本（2012、2013a）のデータを一部修正したものである。

〈章末資料〉
調査日本語教科書リスト（水本2012による）

		書名	出版年	出版社
日本語教科書	初級	Situational Functional Japanese: Model Conversation	1994	凡人社
		Total Japanese: Conversation 2	1994	早稲田大学
		みんなの日本語　初級Ⅰ（本冊）	1998	スリーエーネットワーク
		みんなの日本語　初級Ⅱ（本冊）	1998	スリーエーネットワーク
		げんきⅡ	1999	The Japan Times
		初級日本語Ⅱテキスト改訂版（文化初級）	2000 改訂	凡人社
		まんがで学ぶ日本語（生活編）	2003	アスク
		エリンが挑戦！にほんごできます	2007	国際交流基金
		日本語会話トレーニング	2008	アスク
		Japanese for Busy People Ⅲ (3rd edition)	2007	講談社インターナショナル
	中級	中級の日本語	1994	The Japan Times
		ニューアプローチ　中級日本語（基礎編）	2002	日本語研究社
		ニューアプローチ　中上級日本語（完成編）	2002	日本語研究社
		J Bridge	2002	凡人社
		なめらか日本語会話	2005 改訂	アルク
		まんがで学ぶ日本語会話術	2006	アルク
		会話の日本語	2007 改訂	The Japan Times
		マンガで学ぶ日本語表現と日本文化（多辺田家が行く！！）	2009	アルク

第6章

現在の実社会における女性の姿

1. 家庭における女性の役割：非専業主婦

1.1. 共働き世帯と専業主婦世帯の割合

　前章においては、日本語の初中級教科書における日本女性の描かれ方を、イラストによって印象づけられる日本女性像と教科書の中に登場する専業主婦の比率の双方から検証した。その結果、日本語の教科書に描写される既婚女性の大半が中高年の専業主婦であり、女性は結婚したら家事と育児に専念し、夫の留守中に家庭を守る」という旧来のイデオロギーを象徴するイメージとして描かれているということが明らかになった。この教科書に描写される日本の妻のイメージは、現在の日本社会を適切に反映しているであろうか。本章では、前章で明らかにされた教科書の日本女性像と、現在の実社会から採取した最新データを比較分析することにより、ジェンダーの観点からみた教科書の問題点をさらに詳細に分析し検討していく。

　前章で観察した教科書の中では、教科書に登場する既婚女性のうち、専業主婦は少なくとも50％から70％であった。実際に現在でもそれほど存在するのかどうか、水本（2012）がデータを紹介しているが、ここでは、さらに政府による最新データを観察してみよう。次頁の図6-1は、内閣府による『平成26年版男女共同参画白書』（「Ⅰ平成25年度男女共同参画社会の形成の状況」から第2章「女性の活躍と経済社会の活性化」の第1節「就業をめぐる状況」より）の図であるが、昭和55年から平成25年までの33年間に渡る共働き世帯数と専業主婦世帯数の推移である。この図でも明らかなように、約30年前は、確かに専業主婦（1,114万

112　第3部　日本語教科書に描かれる女性像は現状を反映しているか

世帯：64%）が共働き（614万世帯：36%）の2倍近くを占めていたが、平成8年あたりより、その数は逆転し、平成25年には外で働く女性たちは1,065万世帯、約59%に上昇、その半面、専業主婦は745万世帯、41%程度に減少している。この30年余りで、専業主婦と共働きが完全に逆転してしまったことが認められる。

　現在の専業主婦が36%というデータの中には、退職後の女性や熟年以後の女性達も多数含まれるため、日本語教科書の中に描かれている典型的な中高年の専業主婦は、もはや、現代日本社会の典型ではなくなっているということが、数値的にも明らかである。

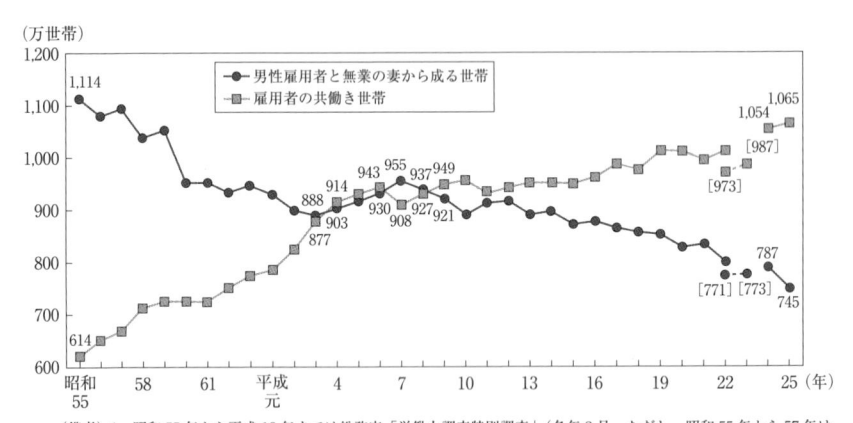

図6-1　共働き世帯数の推移
（内閣府、『平成26年版男女共同参画白書』、Iの第2章p.62のI-2-8図）
http://www.gender.go.jp/about_danjo/whitepaper/h26/zentai/html/honpen/b1_s02_01.html

　この現在社会の実情から判断しても、日本語教科書の中に専業主婦が50%から70%存在するということは、教科書の中では、いまだに30年以上前の日本の既婚女性の姿を描写し続けているということになる。

1.2. 既婚女性の就業率

　総務省の『H26年度労働力調査（基本集計）速報』（2014: 2）によれば、平成26年9月の時点で女性の就業者数は過去最高の2,757万人を記録している。これは前年同月より24万人の増であり、男性の増加率19万人より高い。内閣府による『平成26年版男女共同参画白書』（概要：20-21）によれば、女性の労働力率（15歳以上の人口における就業者数＋失業者数の割合）は世界の主要国に比較して水準が高いとは言えず、出産期の30歳代に若干落ち込みが見られる、いわゆる「M字カーブ」を描いている。しかし、「そのカーブは以前に比べて浅くなっておりM字の底となる年齢階級も以前に比べて上昇している」。すなわち、次の図6-2に見られるように、以前は20代頃からM字が急降下していたが、平成24年以後は20代もさらに上昇を続け、30代で以前よりは浅くM字が開始し40代から50代で再上昇してピークとなっている。

　図6-3も同白書からの引用であるが、これは平成25年の有配偶者と全体の年齢階級別労働力率の推移である。これを見ても、既婚者も中高年である40代から50代までは他の世代より労働力は高くピークを示している。したがって、現

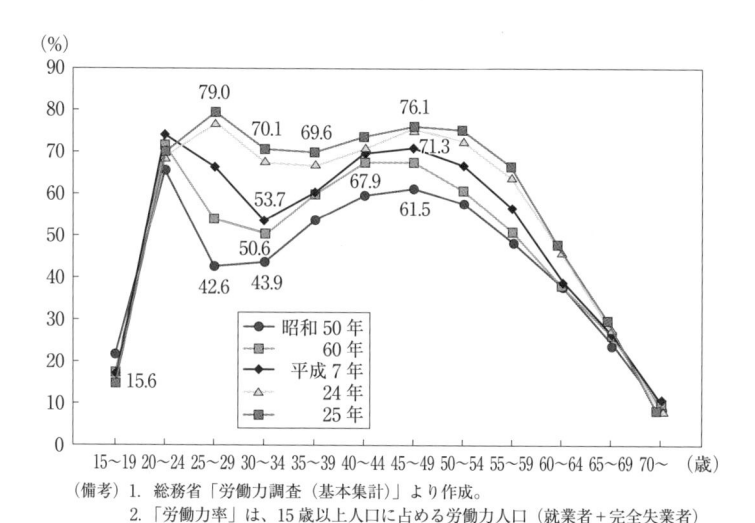

図6-2　女性の年代別労働力率の推移
（内閣府，『平成26年版男女共同参画白書』，Iの第2章 p.57のI-2-1図より）
http://www.gender.go.jp/about_danjo/whitepaper/h26/zentai/html/zuhyo/zuhyo01-02-01.html

○平成25年

図6-3 女性の配偶関係・年代別労働力率の推移
(内閣府,『平成26年版男女共同参画白書』, Iの第2章 p.57 の I-2-1 図より)
http://www.gender.go.jp/about_danjo/whitepaper/h26/zentai/html/zuhyo/zuhyo01-02-01.html

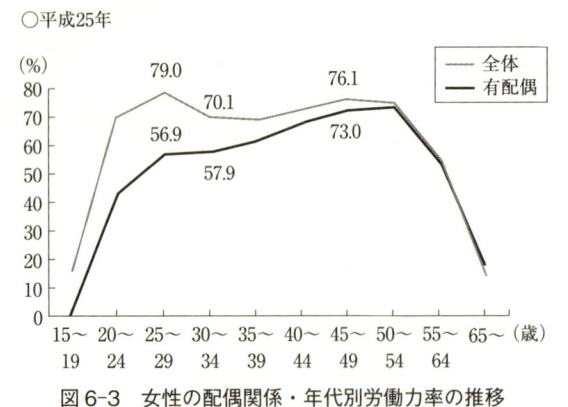

代社会のその年代の既婚女性は、決して日本語教科書の中のように常に家を守る専業主婦では、もはやないということが明らかである。

2. 職場における女性の役割：総合職と専門職

2.1. 事務職と専門職の割合

　前章で、日本語教科書には、仕事場で働く若い女性の登場人物中、一般職のOLが少なくとも半数以上を占めており、イラストで強調的に描写されていることを報告した。このような描写は日本社会を適切に反映しているだろうか。政府によるデータを調査した。文部科学省によるH21年からH26年（速報）の『学校基本調査』より「高等教育機関 卒業後の状況調査 大学」のデータ[1]から女子の値を算出して厚生労働省による「職業別就職者構成比推移」のデータ（H20年まで）に加え、平成元年より26年までの約25年あまりの大学学部を卒業した女子就職者が従事している職業の推移を作図したのが次頁の図6-4である。
　ここで言う専門的・技術的職業とは、技術者、教員、保健医療従事者、その他であり、管理的職業従事者は含まれていない。これを観察してみると、かつては、学部卒業後に就職した女子は、事務職従事者が約半数（48.3%）を占めていたが、この25年ほどでその割合は下降の一途をたどり、平成26年には31.9%

平成 1 年－平成 26 年

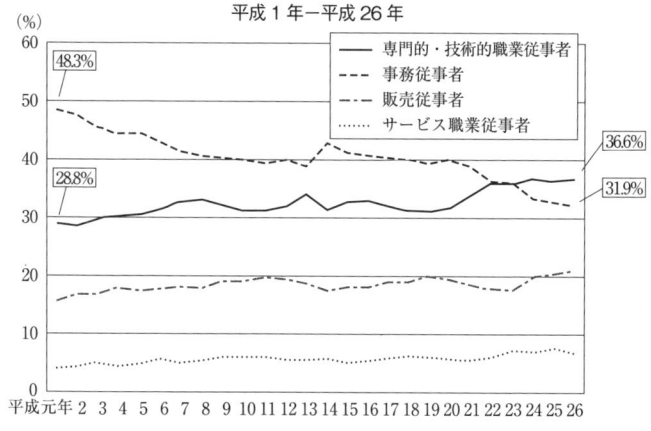

図 6-4　職業別女子就職者の構成推移

まで減少している。一方、専門的・技術的職業従事者は、約25年前は28.8%であったが、その後徐々に上昇傾向をたどり、平成22年には事務従事者とほぼ同数まで増加し、その後も増加傾向が継続した結果、平成26年には36.6%に達し、現在は、両者は完全に逆転している。この2本の線の勢いと方向から推察して、この傾向がさらに進むことは否定できないであろう。この減少の一途をたどる事務従事者に一般職が含まれているのである。

また、この推移図から著明なことは、教科書に最も多く描かれている販売従事者やサービス業従事者は、実際の割合はそれぞれ20%近辺とわずか7%程で、教科書に頻繁に描かれる程、現実的には多くはないということである。

2.2. 総合職と一般職の割合

これに関し、水本（2012）は興味深いデータを紹介している。右の表6-1は2011年版の『就職四季報』という就職活動をする学生なら誰でも手にする情報誌のデータから、出版元の東洋経済新報社が作成した表である。新卒女性の職種別、

表 6-1　学部新卒女性の職種別割合

単位（%）

	08 年	09 年	10 年
総合職	58.4	59.9	73.4
エリア職	4.9	4.2	3.4
一般職	36.7	35.9	23.2
合計	100.0	100.0	100.0

注：職種区分は各社の回答から編集部で判断
出所：『就職四季報』2011 年版

すなわち総合職かエリア職か一般職かの割合に関し、2008年から2010年の3年間の変化を示したものである。これによれば、総合職は、2008年58.2%、2009年59.9%と60%弱であったのが、2010年には一挙に73.4%にも急上昇している。それに反し、一般職の方は、それまでには36%ほどであったのが、これも2010年に急に23.2%と低下している。

　2008年と言えば、リーマンショックが起きた年でもあり、その後、日本もその影響を受け、不況・就職難が始まった。2010年以降の同様な視点でのデータが存在しないため、厚生労働省による『平成24年度雇用機会均等基本調査の概況』（2012: 8）のデータから現状を見ると、総合職や一般職の「コース別雇用管理制度」のある企業は、最も多い金融業と保険業でも34.4%であり全企業の平均は11.2%である。その中で86.6%が一般職を設けているが、その年に採用があったのは総合商社や銀行など、一般職を設けている企業の40%にも満たない。すなわち、「コース別雇用管理制度」を持つ全体の約3割の企業の中でも、実際に一般職を採用したのはわずかであったということである。いわゆるアベノミクス効果で産業界は大企業から業績が上がってきてはいるが、いまだ、日本社会が長年の不況から完全に回復したとは言い難く、この傾向が今後もさらに進んでいく可能性があると予測される。

　一般職は現在では男性も選択できるようになっていると言っても、現実的には大半が女性であるというのが現状ではある。しかし、以上の日本社会の実情から、教科書において職場で働く女性が若い一般職のOLに代表されているという描写は、もはや適切ではないことは明白である。さらに、すでに現状とは言い難い職場での女性の役割、すなわち、総合職の男性の補助的役割が求められており、転勤などが求められない代わりに、ノルマも業績も求められず、昇進の対象とはされず、いずれは結婚や出産で退社することが暗黙の了解として期待されている女性の仕事上の職種としての役割を、教科書が今後も職場の女性の代表格として描き続けるならば、ジェンダー・イデオロギーに賛同し性別役割分担を奨励していると受け取られる可能性もあるわけである。

第 6 章　現在の実社会における女性の姿　117

2.3. 管理職の割合

　前章の教科書研究においては、役職付きキャラクターのうち、女性は 11% であり、それらを扱っている教科書は 2 種のみであった。現実社会の状況はどうだろうか。図 6-5 は、内閣府による『平成 26 年版男女共同参画白書』からの統計図であるが、これによると、平成元年以来約 25 年間に民間企業における管理職の割合は上昇し続けており、平成 25 年には、係長 15.4%、課長 8.5%、部長 5.1% である。

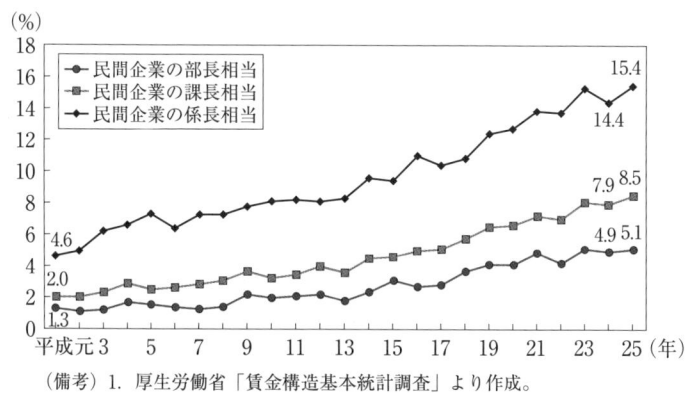

図 6-5　階級役職者に占める女性割合の推移
（内閣府、『平成 26 年版男女共同参画白書』、Ⅰ の第 2 章 p.63 の I-2-10 図）
http://www.gender.go.jp/about_danjo/whitepaper/h26/zentai/html/zuhyo/zuhyo01-02-10.html

　教科書の統計は、母数の点で政府レベルの統計結果とは比較の対象にはならないが、なお、その割合は、現状から逸脱しているようには見えない。しかし、未だ少数派であるとしても、女性管理者が 1 名も登場しない教科書が大半であり、男性社会の縮図ともとれる男性中心の職場のイラストを掲げている教科書が主流であるのも事実である。

　平成 21 年に、国連女子差別撤廃委員会より日本のポジティブ・アクションを不充分として、より具体的な数値目標やスケジュールを要請されたのを受け、平成 22 年の『第 3 次男女共同参画基本計画』においては、国の地方機関の課長および本省課長補佐相当職クラス以上に占める女性の割合を 2015 年までに 10% と

する目標が示された[2]。その経緯を考えても、安倍政権の積極的な女性登用政策からしても、今後は、さらに積極的に女性管理職の起用が推奨され、各企業でも推進していくことが予想される。このような動向の中、女性管理職を1名も登場させない教科書は、国際的動向に反していると見なされてもやむを得ないであろう。ジェンダー・バランスに関する教育的配慮が求められる中で、教科書制作者もこの点は熟慮すべきであると考える。

3. 社会における女性の役割：医療と教育関係

3.1. データに見る女性の職業：医療分野

最新の国勢調査（平成22年：2010年11月16日公表）によれば、平成22年10月1日時点での15歳以上の労働人口は、男性34,089,629人、女性25,521,682人であり、その比率は男性57.19％、女性42.81％である。国民の従事する職業は、20種の職業分野（農業、漁業、製造業、学術研究・専門・技術、教育、医療など）と12種の業種（管理、専門・技術、事務、販売、サービスなど）に分類されている。そこで、水本（2013a）は教科書の男女の職業を、国勢調査の「職業等基本集計」による職業分類に倣って分類し、次頁に示す図6-6「教科書の男女職業分類比較」を作図し、国勢調査の結果と比較してみた。

その他以外の職業で女性の数が多い上位4位まで、すなわち、サービス業、小売業、医療、教育の4種の職業を見ると、1位のサービス業は男性（17名）に比較して女性が極めて多く（29名）、逆に教育は女性（6名）より男性の方が圧倒的に多い（24名）。2位の小売業は男女共に多く、男女差はさほど認められないが、4位の医療では、やはり男性の方が多く取りあげられている。前章4.1.でも指摘したように、日本語教科書において抱く日本人の職業感としては、多数の男性が"教育"や"医療"など社会的地位の高い知的職業に従事し、女性は、教師以外の大半が、主にサービス業や小売業などで社会を支えるという構図が印象づけられているのである。

中でも、この図で注視したいのは、教科書において女性が男性より少ない"医療"と"教育"の分野である。なぜなら、国勢調査で示されている現状とは大きく異なるからである。その統計結果（「平成22年 職業等基本集計」）と、この図

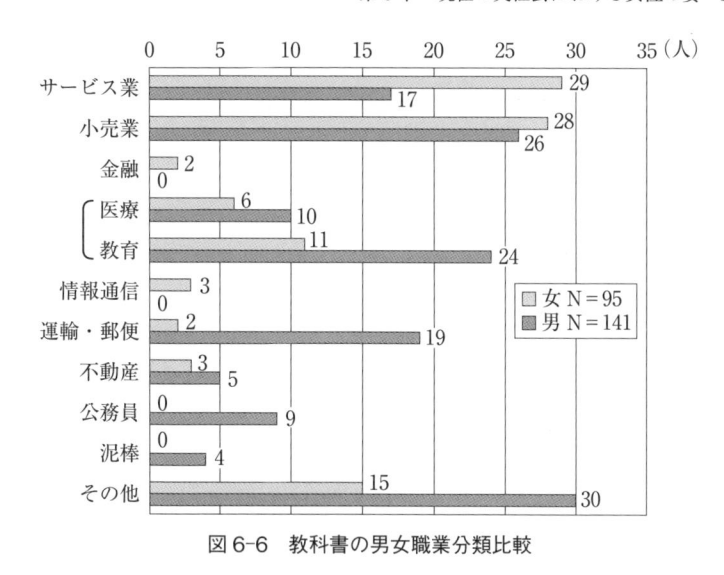

第 6 章　現在の実社会における女性の姿　119

図 6-6　教科書の男女職業分類比較

を比較してみたところ、教科書では、医療分野（医師、歯科医、看護師、薬剤師など）の約 60％が男性、教育分野（幼稚園から大学までの教員、予備教育教員など）の約 70％が男性であるが、国勢調査では、この 2 分野は女性の就業者数の方が極めて多い。どれ程多いかを確認するために、同国勢調査結果より、女性の就業者数の方が多い 2 種の職業（医療・福祉と教育・学習支援）および、その職種（技術・専門職と事務職）を取り出し次の図 6-7[3] に表した。

　どちらの職業も女性の方が多く、また、技術・専門職の方が事務職より多いが、ことに医療・福祉分野で働く人の 75.42％が女性であり、57.93％が女性の技術・専門職従事者である。女性看護師が圧倒的に多いということから、この数値は納得できるが、一方、教科書には男性医師 10 名に対して女性医師はわずか 2 名のみ、その他は歯科医か歯科衛生士が 2 名、女性の看護師 2 名である。

　厚生労働省による『平成 24 年　医師・歯科医師・薬剤師調査の概況』（2013 年 12 月 17 日公表：4）によると、医師は、男 80.3％女 19.7％であることから、確かに、教科書に登場する医師の男女比に関しては、数値的にはほぼ妥当であると考えられよう。しかし、医師だけでなく、歯科医師、看護師や薬剤師なども含めて医療分野全体の技術・専門職に従事する全体の半数以上が女性であるという現状から観て、この教科書上に登場する医療分野の女性たちは、数値的にも現実

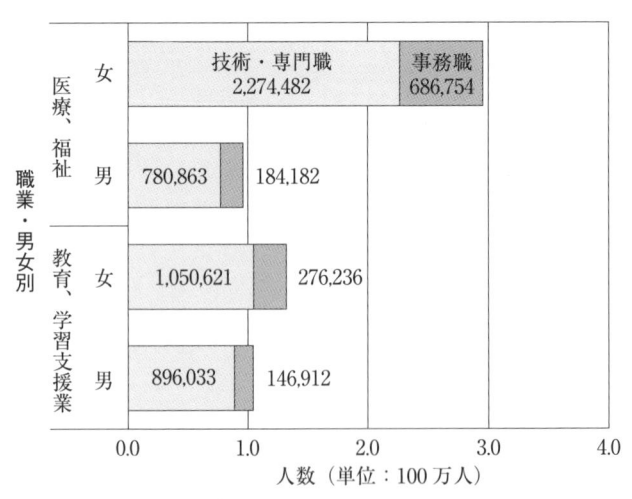

120 第3部 日本語教科書に描かれる女性像は現状を反映しているか

図6-7 医療・福祉・教育分野における男女の就業者数

が反映されているとは言い難い。
　次に、同調査には、医師や薬剤師として働く女性に関して次のような興味深いデータがある。

〈表5[4)]「主たる診療科、施設の種別にみた医療施設に従事する医師数および平均年齢」〉
　　内科：男 81.4% 女 18.6%　　小児科：男 64.7% 女 35.3%
　　皮膚科：男 48.4% **女 51.2%**　　眼科：男 59.5% 女 40.5%
　　産婦人科類[5)]：男 62.5% 女 37.5%
〈表10　「施設・業務の種別にみた歯科医師数」、H22年12月31日時点。〉
　　歯科医師：男 78.5% 女 21.5%
〈表14　「施設・業務の種別にみた薬剤師数」、H22年12月31日時点。〉
　　薬剤師：男 39.0% **女 61.0%**

　教科書の男女が約8：2の割合というのは内科医の割合に近いが、上の太字で示した皮膚科と薬剤師の2領域においては、男性より女性の割合の方が大きく半数以上が女性である。また、ここに挙げた小児科、眼科、産婦人科類の3領域

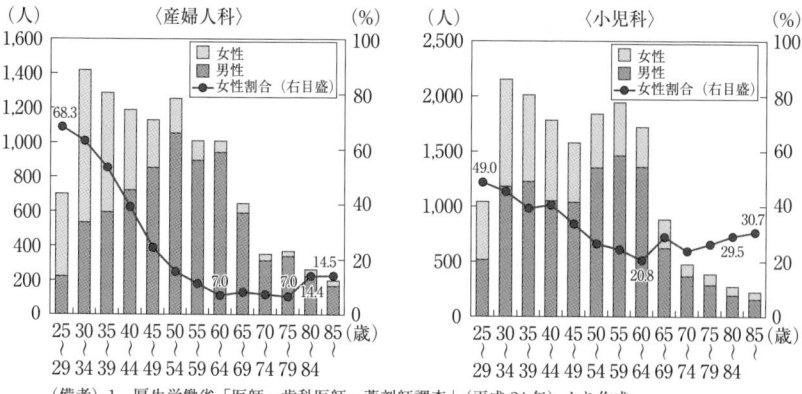

第6章 現在の実社会における女性の姿 *121*

図6-8 急速に増加する産婦人科と小児科の女性医師
(内閣府,『平成26年版男女共同参画白書』, Iの第4章 p.81 のI-4-4 図)
http://www.gender.go.jp/about_danjo/whitepaper/h26/zentai/html/zuhyo/zuhyo01-04-04.html

も、女性医師が35%から40%程を占めている。さらに、年齢階級別にみた図6-8が示すように、35～39歳を境として、それより若い年代の医師は、男性より女性の比率が急速に高くなってきている点にも注視したい。

さらに、前頁の表10のデータでは、現在は、女性が20%あまりである歯科医師も、次の図6-9[6]に表されるように、年齢が若いほど女性の割合が急速に高

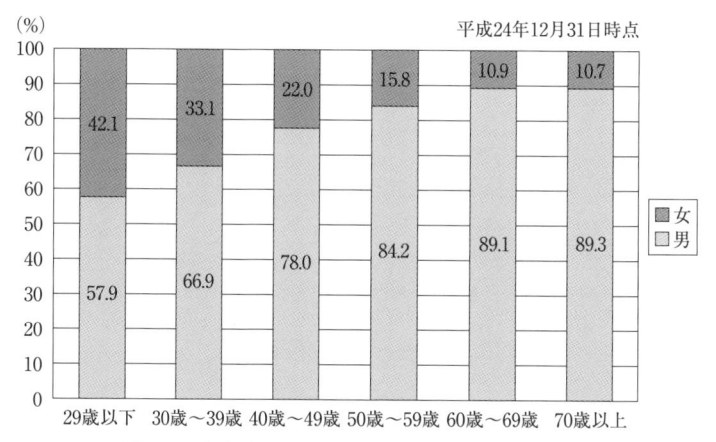

図6-9 年齢階級別にみた歯科医師の性別構成割合

くなっており、平成24年末時点では、29歳以下では女性が42.1%に急増している。この動向が今後も進んでいけば、近い将来、日本の歯科医師数も女性の方が多くなることが推測されよう。以上の日本社会の実情を踏まえれば、今後の教科書に、従来のように男性医師が極端にクローズアップされたような描写は妥当ではないということが言えよう。

3.2. データに見る女性の職業：教育分野

前章において教科書に描かれる教師は圧倒的に男性に占められているという調査結果を示した。教科書に登場するキャラクターは、大学生が大多数を占める関係上、教科書が扱う教員の大多数は大学教員である。教科書16種中、どの教科書にも男性教授が一人以上登場するのに対し、女性教授はわずか3種のみ、調査した教科書の約8割は教授と言えば男性だけである。

現代社会の実情を調べてみよう。次の図6-10は、文部科学省が平成26年8月に公表した『平成26年度学校基本調査の速報』のデータ[7]から作図したものであるが、平成16年から26年までの短期大学と大学における女性教員数の比率推移を表したものである。

大学では約20%あまり、短期大学では50%以上、平均を取ると高等教育機関においては、約37%の女性教員が従事している。同調査より大学・短期大学の

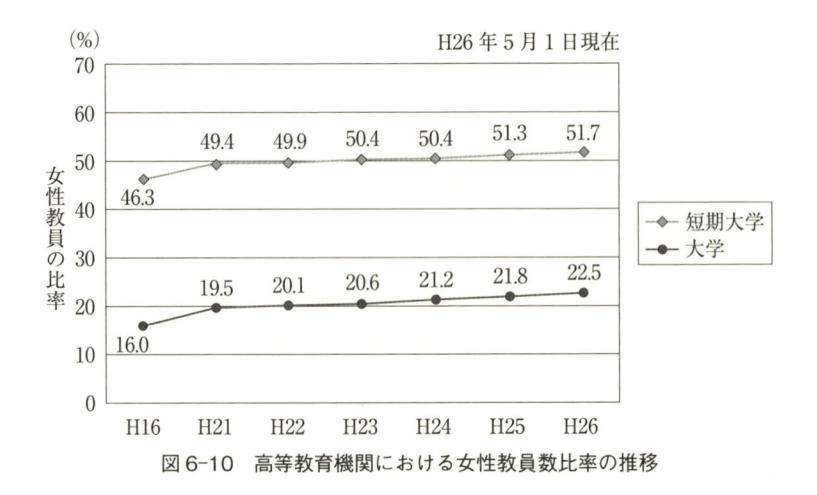

図6-10 高等教育機関における女性教員数比率の推移

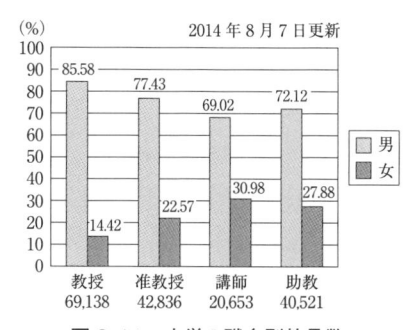

第6章　現在の実社会における女性の姿　123

図6-11　大学の職名別教員数男女比率

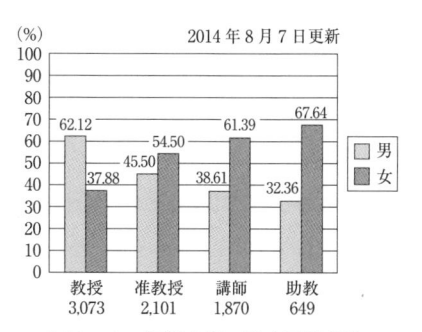

図6-12　短期大学の職名別教員数男女比率

　教員に関して職名別データ[8]をもとに作図したのが図6-11と図6-12である。
　これらの図の職名の下の数字は男女合計の教員数を示す。これを見ると、確かに大学における教授職の女性比率は14.42％と低く、教科書制作者が「大学教授は男性」という印象を持つのも理解できる。しかし、教授以外の職位、准教授や講師らの女性教員比率は約20％から30％と増加している。また、短期大学においては、教授こそ女性は38％程ではあるが、準教授以下は女性教員の方が多く半数以上を占めている。
　また、次の図6-13に示すように、高等、中等、初等の教育機関では女性教員の比率は大学より多く、小学校に至っては3分の2近くが女性教員である。

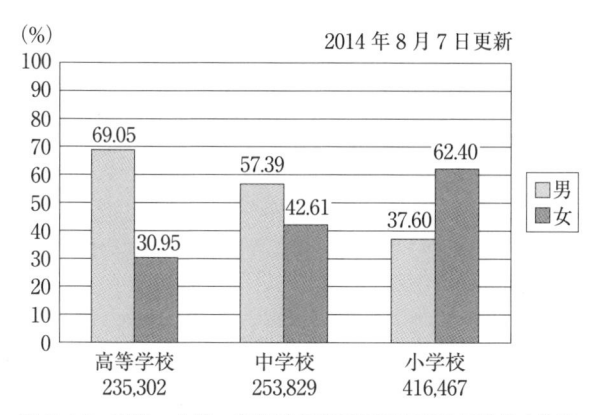

図6-13　高等、中等、初等教育機関の職名別教員数男女比率

一方、教科書においては、3種の教科書にそれぞれ1名ずつ登場する高校教師計3名はすべて男性、実際には女性教員がはるかに多い小学校教師は教科書では2種がそれぞれ女性を1名ずつ登場させているに過ぎない。その他は、外国人語学教師が4種の教科書に1名ずつ登場するが、それも全員男性である。教科書の中で女性教員が多いのは日本語教師のみであり、5種の教科書が6名の女性教師と3名の男性教師を扱っている。教科書を概観すると、前章で述べたように教師は大学から高校、外国人語学教師に至るまで圧倒的に男性が多く、唯一女性教師が多いのは日本語教師のみである。すなわち、教科書は現代日本社会における学校教育分野においても現実社会を反映しているとは言い難いことは明白であろう。

注
1) 以下のデータ6種より作図：
   a. 厚生労働省，「職業別就職者の構成比の推移（大学）」，『平成21年度版　働く女性の実情』，付表46-2, 2011年4月9日。（資料出所：文部科学省，「平成22年度 学校基本調査」）
   b. 文部科学省，「高等教育機関 卒業後の状況調査 大学」，『平成22年度学校基本調査』，表81のデータより女子の値を算出．
   c. 文部科学省，「高等教育機関 卒業後の状況調査 大学」，『平成23年度学校基本調査』，表81のデータより女子の値を算出．
   d. 文部科学省，「高等教育機関 卒業後の状況調査 大学」，『平成24年度学校基本調査』，表78のデータより女子の値を算出．
   e. 文部科学省，「高等教育機関 卒業後の状況調査 大学」，『平成25年度学校基本調査』，表78のデータより女子の値を算出．
   f. 文部科学省，「高等教育機関 卒業後の状況調査 大学」，『平成26年 度学校基本調査 速報』，表44の女子のデータより．
2) 内閣府は、2010年12月17日に『第3次男女共同参画基本計画』を閣議決定し、2020年までに30%という目標を達成するためにも、2015年までに課長クラス以上を10%という中間目標を設定した。
3) 平成22年国勢調査（H22.10.1現在）の「職業等基本集計」（総務省統計局, 2012年11月16日）の表4-2のデータより作図。
4) 表5には「病院」と「診療所」に勤務する医師数を区別して統計を出しているが、本書では前者のデータを使用した。
5) 表5には、産婦人科、産科、婦人科を区別して統計を出しているが、本書ではその3科の平

均を算出した。
6) 厚生労働省（2013）『平成24年　医師・歯科医師・薬剤師調査の概況』,（2013年12月17日公表）より2.歯科医師の表10（p.17）のデータより作図。
   http://www.mhlw.go.jp/toukei/saikin/hw/ishi/12/dl/kekka_2.pdf
7) 文部科学省、『平成26年度学校基本調査の速報』（平成26年8月7日公表）より表6と表11のデータから作図。
   http://www.mext.go.jp/component/b_menu/houdou/__icsFiles/afieldfile/2014/08/07/1350732_03.pdf
8) 文部科学省、『平成26年度学校基本調査の速報』（平成26年8月7日公表）より表16と表26のデータから作図。
   http://www.e-stat.go.jp/SG1/estat/List.do?bid=000001054431&cycode=0

第7章　日本の家族像

1. 日本語教科書が伝える家族像

　日本語教科書のうちで初中級の教科書においては、通常、教科書全体を通じて基本会話などに登場する主たる家族が存在するものが多い。教科書の中には、その家族の夫の職場や家族の居住する地域に住む他の家族など、著者が描く典型的な家族形態が提示されている。その代表的なものが、次の挿絵7-1、7-2のような「中年夫婦と未婚の子供2名（妻は専業主婦）」の家族形態である。
　第5章と同じく、本章で紹介する挿絵例は教科書の挿絵そのものではなく、同様な印象を示す挿絵を新たに他のイラストレーターが描いたものである。
　水本（2013b）では、先行研究と同様に日本国内でよく使用されている初中級教科書16種18冊を調査対象として教科書における家族構成を調査した。その結果が次頁の図7-1である。

井上さんの家族

井上和夫	井上恵子	井上健一	井上真由美
サラリーマン	主婦	大学4年生	大学2年生

挿絵7-1　日本語教科書の家族構成 A

第 7 章 日本の家族像　127

	おとうさん (father)	おかあさん (mother)	おにいさん (elder brother)	いもうと (younger sister)
Occupation/ School	かいしゃいん (works for a company)	しゅふ (housewife)	だいがくいんせい (graduate student)	こうこうせい (high school student)
Age	48	45	23	16

挿絵 7-2　日本語教科書の家族形態 B

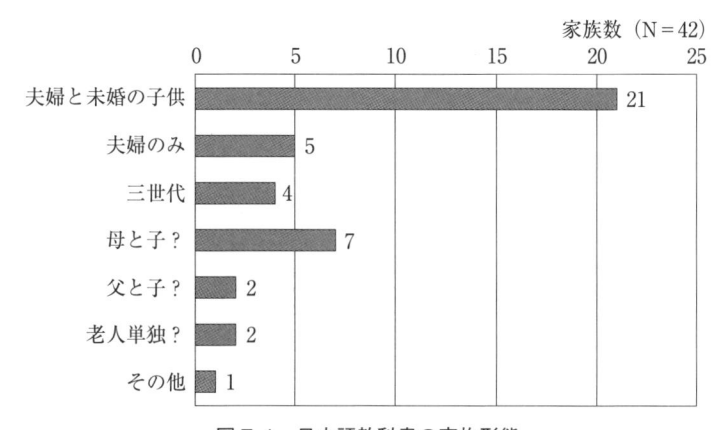

家族数（N = 42）

家族形態	数
夫婦と未婚の子供	21
夫婦のみ	5
三世代	4
母と子？	7
父と子？	2
老人単独？	2
その他	1

図 7-1　日本語教科書の家族形態

　この図から、教科書16種中の42家族のうち、半数が「夫婦と未婚の子」であることが分かる。そのうち88％は専業主婦世帯で、共働き世帯はわずか5世帯のみ（約12％）である。次に多いのが、「母と子？」の7世帯ではあるが、これは母子家庭であるかもしれないが、もしかしたら、教科書のある場面に単発的に出現したため、そうではなく「夫婦と未婚の子」世帯に属する可能性もある。同様に、「父と子？」（2世帯）も、その家族形態は不確かであるため、これらが「夫婦と未婚の子」世帯に属するとすれば、夫婦と未婚の子供」は70％以上にも

達する可能性もある。また、「老人単独？」（2世帯）も同様に3世代や夫婦のみの世帯に属する可能性も考えられるだろう。

　このように、教科書には、上述の挿絵のような家族やその家族の父親が勤務する職場、取引先、およびそれらに関係の深い人たち以外に、単発的に会話および聴解練習などに出現するのも多数存在する。それらの人物の家族形態を正確に見極めることは不可能であるため、それぞれ「？」を付加してある。家族形態が明白であったもので「夫婦と未婚の子」の次に多いのは、夫婦のみ（5世帯）と3世代（4世帯）であり、それぞれ11.90％、9.52％と約1割である。いずれにせよ、この図から観察できるように、教科書では　上述の主たる家族の挿絵で示されるように「夫婦と未婚の子」世帯が大半を占めているのである。

2. 日本の実情を伝えるデータにみる家族形態

　前項で観察したように、日本語教科書では、「夫婦と未婚の子の世帯」が主流を占めているが、現代日本社会における実態はどうであろうか。厚生労働省が「平成25年国民生活基礎調査」の結果を平成24年7月に公表したが、そのデータおよび「平成22年国民生活基礎調査」の結果データから作図した[1]のが、次頁の図7-2である。

　昭和50年（1975年）から平成25年（2013）年までの38年間の世帯構造別世帯数の年次推移に関する統計によると、確かに、かつては「夫婦と未婚の子のみの世帯」が半数近くを占めていた（42.7％：1975年）が、その後38年の間に次第に減少し、それに代わり「単独世帯」と「夫婦のみ」の世帯が増加してきている。平成25年の統計結果では、「夫婦と未婚の子のみの世帯」（29.7％）につづき、「単独世帯」（26.5％）、「夫婦のみの世帯」（23.2％）が多い。過去38年間、一人暮らしや夫婦のみで生活する世帯が増加傾向を示しているところから見ても、今後の日本の家族形態は、教科書において主流の「夫婦と未婚の子の世帯」が、さらに減少していくと推測される。

　さらに同調査の昭和61年（1986年）から平成25年（2013年）までの約27年間の高齢者（65歳以上）のいる世帯数の年次推移の統計結果が次頁の図7-3である。

第7章　日本の家族像　129

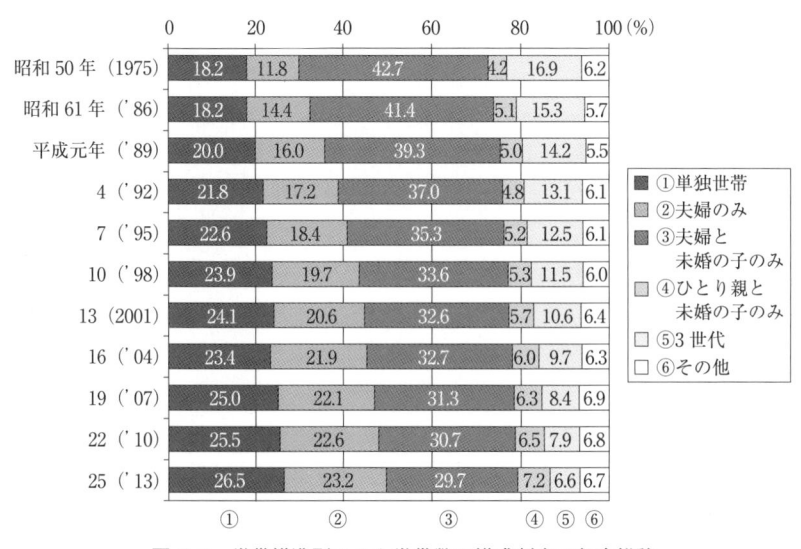

年	①単独世帯	②夫婦のみ	③夫婦と未婚の子のみ	④ひとり親と未婚の子のみ	⑤3世代	⑥その他
昭和50年（1975）	18.2	11.8	42.7	4.2	16.9	6.2
昭和61年（'86）	18.2	14.4	41.4	5.1	15.3	5.7
平成元年（'89）	20.0	16.0	39.3	5.0	14.2	5.5
4（'92）	21.8	17.2	37.0	4.8	13.1	6.1
7（'95）	22.6	18.4	35.3	5.2	12.5	6.1
10（'98）	23.9	19.7	33.6	5.3	11.5	6.0
13（2001）	24.1	20.6	32.6	5.7	10.6	6.4
16（'04）	23.4	21.9	32.7	6.0	9.7	6.3
19（'07）	25.0	22.1	31.3	6.3	8.4	6.9
22（'10）	25.5	22.6	30.7	6.5	7.9	6.8
25（'13）	26.5	23.2	29.7	7.2	6.6	6.7

図7-2　世帯構造別にみた世帯数の構成割合の年次推移

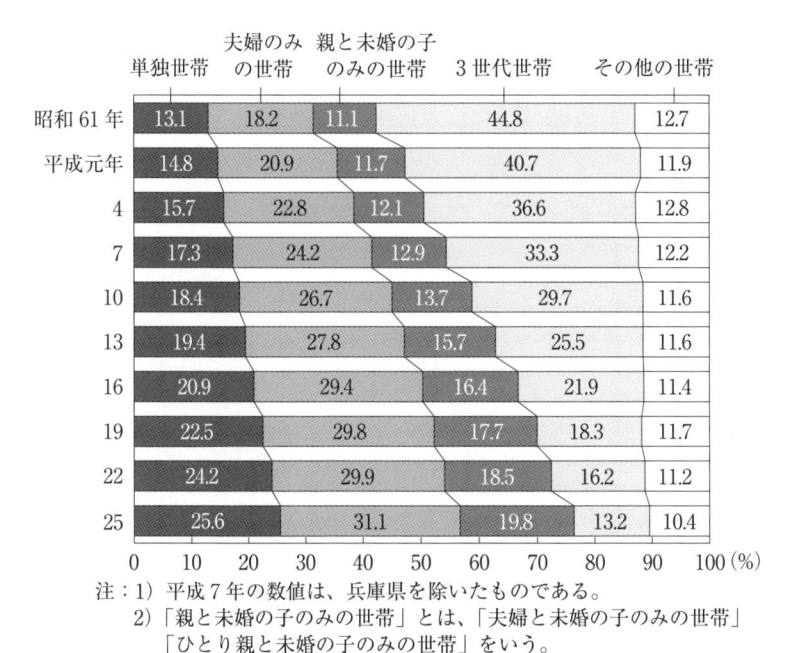

年	単独世帯	夫婦のみの世帯	親と未婚の子のみの世帯	3世代世帯	その他の世帯
昭和61年	13.1	18.2	11.1	44.8	12.7
平成元年	14.8	20.9	11.7	40.7	11.9
4	15.7	22.8	12.1	36.6	12.8
7	17.3	24.2	12.9	33.3	12.2
10	18.4	26.7	13.7	29.7	11.6
13	19.4	27.8	15.7	25.5	11.6
16	20.9	29.4	16.4	21.9	11.4
19	22.5	29.8	17.7	18.3	11.7
22	24.2	29.9	18.5	16.2	11.2
25	25.6	31.1	19.8	13.2	10.4

注：1）平成7年の数値は、兵庫県を除いたものである。
　　2）「親と未婚の子のみの世帯」とは、「夫婦と未婚の子のみの世帯」
　　　「ひとり親と未婚の子のみの世帯」をいう。

図7-3　世帯構造別にみた高齢者世帯数の構成割合の年次推移
（厚生労働省，『平成25年　国民生活基礎調査の概況』，Iの2 p.4の図2）
http://www.mhlw.go.jp/toukei/saikin/hw/k-tyosa/k-tyosa13/dl/16.pdf

130 第3部 日本語教科書に描かれる女性像は現状を反映しているか

　このデータからも明らかなように、27年前には半数近く（44.8%）を占めていた3世代世帯が年代を追うに従い激減し、現在では13.2%と1割近くにまで落ち込んでいるのに対し、高齢者の単独世帯および夫婦のみ世帯は27年間で2倍近くに増加し、現在では半数以上（56.7%）を占めるようになっている。さらに同調査のデータ[2]をもとに高齢者世帯のみを観察したのが次の図7-4である。

　この図は27年前から2013年に至るまでの高齢者のみの世帯数が急増していることを表しているが、現在は、高齢者のみ世帯のうち、夫婦のみは47.5%、単身者は49.3%であり、高齢者の35.1%が単独で暮らす高齢の女性なのである。今後、さらに高齢化社会が進むとともに、夫婦のみや単身の高齢者世帯が更に増加することが大いに予測される。

　以上のように現代日本社会は、急速にその家族形態も変化してきているにもかかわらず、日本語教科書で主流を占めている「夫婦と未婚の子の世帯」は、遠く40年ほど以前の姿を描写し続けているということが明白であろう。現実の社会には、むしろ単身者や夫婦のみという世帯が全体の半数を占めているという実情、また急激な高齢化に伴い「高齢の夫婦のみ」あるいは「高齢の単身」という家族

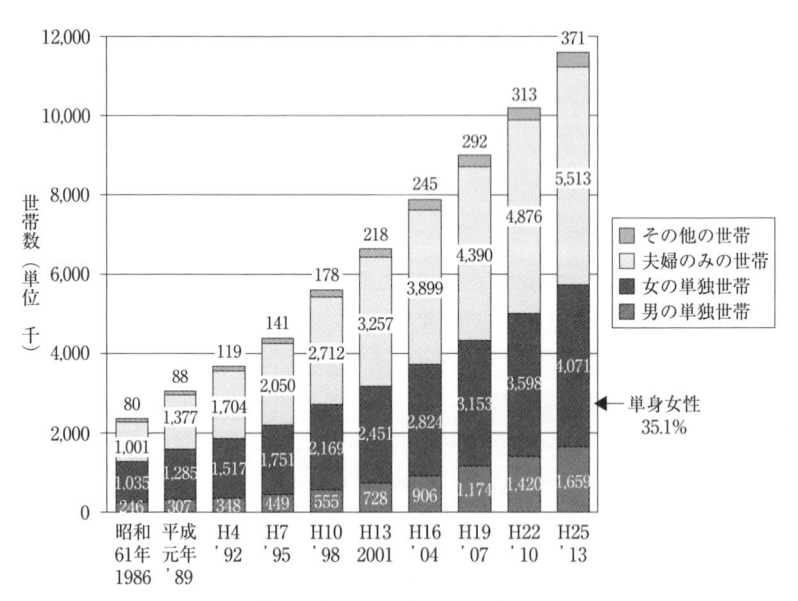

図7-4　世帯構造別にみた高齢者のみ世帯数の年次推移

形態が急増しているという現状が、日本語教科書では描かれていないのである。

注
1) 次の2種の調査結果のデータを参照し作図した。
   a. 厚生労働省大臣官房統計情報部（2012）「世帯構造別にみた世帯数の年次推移」,『グラフで見る世帯の状況：国民生活基礎調査（H22）の結果から』, p.6 の図「世帯構造別にみた世帯数の構成割合の年次推移」.
   b. 厚生労働省（2013）「世帯構造別にみた世帯数の構成割合の年次推移」,『H25年国民生活基礎調査結果の概況』, p.3 表1,（2014年7月15日公表）.
      http://www.mhlw.go.jp/toukei/saikin/hw/k-tyosa/k-tyosa13/dl/16.pdf
2) 厚生労働省（2013）「世帯構造別にみた世帯数の構成割合の年次推移」,『H25年国民生活基礎調査結果の概況』, p.5 表3（2014年7月15日公表）のデータを参照して作図した。
   http://www.mhlw.go.jp/toukei/saikin/hw/k-tyosa/k-tyosa13/dl/16.pdf

第4部　日本語教師は教科書が伝えるものを
　　　　どう考えているか

第8章

日本語教師に対する意識調査

1. 調査目的

　本章では、なぜ、日本語教科書をはじめとする教材や試験問題で若い世代の女性登場人物に女性文末詞が多用され続けるのか、また、なぜ、何十年も昔の日本女性像が今もなお日本語教科書の中に描かれるのか、その理由を考えてみたい。まず、女性文末詞に関しては、先行研究（水本、他2009: 21）において、考えられる第1の原因として、教師の無関心をあげている。教科書制作者は、現在の日本社会における日本語の使用実態を把握せず、従来からの固定観念のまま教材を作成している可能性もあるだろう。第2の可能性としては、仮に実態を把握していても、男ことば女ことばの存在は日本語の特徴として教えるべきであると考える教材作成者もいるであろう。第3に、女性文末詞は丁寧な響きを持ち、女性は丁寧に話すことが望ましいという立場に立てば、「女性の美しい文末詞は日本語の特徴として継承していくべきである」という考え方もあるだろう。さらに、女性文末詞に代表される日本語のジェンダーを日本文化の一つとして積極的に教えるべきであるという立場もあるかもしれない。
　日本語教科書に描写され続ける従来のステレオタイプ的な日本女性像に関しても同様に、制作者の無関心、現代日本社会の実情の認識不足に加え、女性は「男性を支える存在」「家庭を守る存在」としてあるべきだという役割分担観念による可能性もあり得るだろう。
　これらの教材を日々現場で使用している日本語教師は、この現実をどのように捉え、自らの教育現場では、どのように教えているのだろうか。その疑問が先行

研究の課題となり、その課題に答えるべく、教える立場としてこれらの日本語教科書・教材を使用する日本語教師の意識調査を2010年に実施した。この調査結果分析は、先行研究（水本 2011, 2013a, 2013b）にてそれぞれ部分的に報告しているが、本書においてはそれらに基づき総括的にまとめる。

まず、この調査の女性文末詞に関する項目においては、次の点について把握することを目的とした。

(1) 現在の女性文末詞使用状況を、どの程度知っているか。
(2) 日本語教科書において男女の文末形式が対比的に紹介されていることに関してどう考えているか。
(3) 日本語教科書で若い世代の女性登場人物の発話に女性文末形式が使用されていることをどう考えるか。
(4) 日本語教科書において、文末形式等ジェンダーに関することをどのように教えるか。

日本語教科書に描かれる日本女性像（主に女性の家庭内および社会における役割と日本の家族形態）に関しては、次の点について把握することを目的とした。

(1) 日本語教科書に描写される主婦のあり方や日本女性の職業に関しどう考えるか。
(2) どのような家族形態を教科書に反映させたらよいと考えるか。
(3) ジェンダーの問題点に配慮した日本語の教科書作成が必要か。

以上の目的に関する質問を作成しその回答内容を分析することにより、日本語教師のジェンダーに関する意識や彼らが教科書の中のジェンダーに関する事柄をどのように認識し、また、それをどう教えているかについて明らかにできると考えた。具体的な質問例は本章の巻末資料を参照されたし。

2. 調査方法

(1) 調査時期：2010年5月から7月
(2) 調査対象：日本語教師および日本語学・言語学・日本語教育関係者合計212名。うち12名は入力重複が認められた[1]ため削除した結果、有効回

数は 200 名。日本国内在住（101 名）、韓国在住（17 名）、欧州（82 名）
〈居住国別・性別内訳〉
  i. 日本国内在住者：日本人女性（83 名）外国人女性（6 名）
              日本人男性（12 名）外国人男性（0 名）
 ii. 韓国在住者：日本人女性（11 名）外国人女性（1 名）
            日本人男性（3 名）外国人男性（2 名）
iii. 欧州在住者：日本人女性（70 名）外国人女性（4 名）
            日本人男性（8 名）外国人男性（0 名）

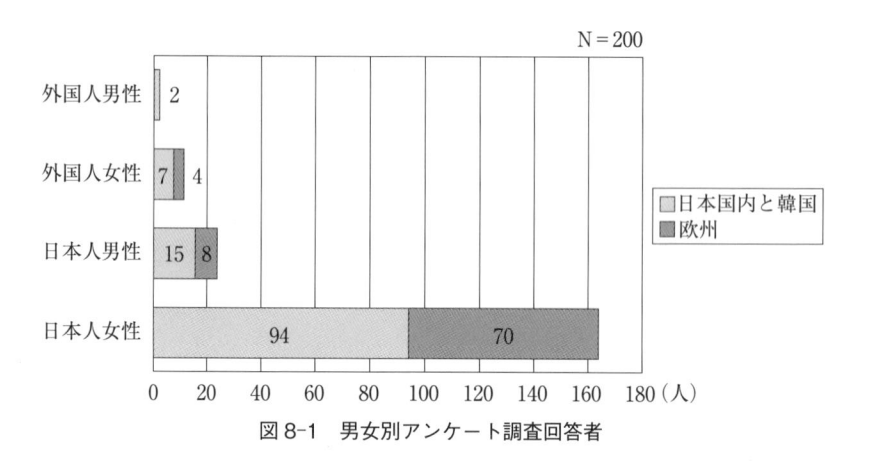

図 8-1　男女別アンケート調査回答者

　上記の図8-1は、アンケート調査対象者の内訳を表したものである。男女比は7対1と圧倒的に女性が多いが、これは、日本語教師は女性が多いという現状を反映していると言える。回答者の年代は、20代12名、30代57名、40代56名、50代46名、60代以上29名であった。職業は、約90％が日本語教師であり、そのうち9名が日本語教育を専門とする大学院生でもある。その他は、言語学専門家および言語学を専門とする大学院生である。欧州在住の回答者の居住国内訳は、イギリス42％、フランス21％、ドイツ10％、イタリア9％、その他13％であり、その他に属する国は、ハンガリー、ルーマニア、スロベニア、エストニア、ウクライナ、ベルギー、オランダなど。

　回答協力者は、主に次の日本語教育の学会・研究会の会員および関係者であ

る。
- 日本語ジェンダー学会
- 日本語プロフィシエンシー研究会
- 日本語 OPI 研究会
- 九州 OPI 研究会
- 韓国 OPI 研究会
- ヨーロッパ日本語教師会
- 英国日本語教育学会
- フランス日本語教師会

　アンケート対象を国外にも拡大したのは、当初、国内と国外では、教える側の認識や考え方にも相違点が見いだせるのではと予想したからである。また、欧州は、多数の日本語教師を包括する欧州全土対象の日本語教師会に加え、英国やフランスの教師会からも多数の回答を得たが、同じ海外である韓国からの回答数は少数であった。この二つを日本国内に対する海外というひとくくりに合算する方法もあったが、韓国の教師たちは地理的に日本に近く、日本との往来も頻繁に行われるという環境を鑑みて、韓国からの少数の回答は日本国内と合算することとした。したがって本書においては、「国内」とは実際にはその少数の韓国からの回答も含まれる。

　このアンケートは、当初、国内外では相違点が見いだせると予想していたが、しかし、実際の回答結果は、双方に特徴的な相違点はさほど見いだせず、おおむね、類似していた。したがって、国内外で相違点があった女性文末詞に関する数種の質問以外の大半の調査結果については国内外を区別せずに、対象者全員 200 名の調査結果を合算して報告する。また、男女比が極端に女性に偏っているが、前述のように、これも日本語教育界に男性教師が少ないという所以である。したがって、これ以上、男性回答を増強できる可能性もなく、男女の特徴的回答は期待できないことから、本書では男女混合 200 名の回答結果を研究対象とした。

　(3) 調査方法と調査ツール：インターネットのアンケートソフト「アンケートツクール」を用い、アンケート質問をネット公開。日本語教育関係の諸学会・諸研究会のメーリングリストで回答を呼びかけた。各設問は選択方式であるが、それを選んだ理由や例については、コメント欄を設けた。

3. 調査結果：現代の若者の女性文末詞使用状況に関して

3.1. 若い世代による女性文末詞不使用の実態認識

　本書の第1部第1章において、現代日本社会の若い世代の女性たち（標準語圏）は、もはや、引用、冗談、皮肉などの意図的で特殊な場合にしか従来の女性文末詞を使用しないという調査結果を報告し、日本の若い女性たちは「女性は女らしい女ことばを用いるものだ」というジェンダー・イデオロギーの呪縛から解き放たれていることを確認した。

　本アンケートでは、最初に、回答者が、「現在の若い世代の女性たちが日常生活のカジュアル会話において女性文末詞を用いない」という現実を認識しているかどうか確認した。回答はa. 日本国内＆韓国組とb. 欧州組に分けて集計したが、この女性文末詞に関する回答のいくつかに関しては、両者に特徴的な差異が認められた。a. は、「知っている」が91％であったのに対し、b. では76％、「知らなかった」と回答した人のうちの85％が50代以上の女性であり、61％が欧州や韓国在住の人たちである。彼らの75％が以前10年以上標準語圏である首都圏に在住したことがあることや、彼らの年齢から推測すると、この分類に属する女性教師たちは、自らが若い頃は標準語圏において女ことばを使用していたため、海外に移って以来、現在も用い続けており、日本国内の若い世代の女性たちのことばの変化を認識しない環境にいたと見受けられる。

　長年海外に居住していれば日本国内のことばづかいの変化にさほど"きづき"がなくなるという状況は理解できる。しかし、むしろ次頁の図8-2に示す日本国内と韓国居住者による同質問に対する回答に興味深い点が認められた。まず、91％がその事実を知っていると答えたのだが、「知らなかった」と答えた11名の内訳は、韓国在住の韓国人日本語教師1名、地方在住日本人日本語教師4名、現在は都内か首都圏在住だがこれまでに地方に10年以上住んでいたことのある日本人日本語教師4名、そして東京都区内在住の日本人日本語教師2名である。

　地方在住者であれば、日常的に地方語を用いているため、知らなかったというのは、うなずけるし、外国在住者のように日本語を話す日常から離れていれば、それも理解できる。しかし、予想外であったのは、東京都区内以外には住んだこ

第 8 章 日本語教師に対する意識調査 139

知らなかった
都区内在住
日本人
2%

知らなかった
以前地方在住
日本人
3%

知らなかった
韓国/地方在住
日本人
3%

知らなかった
韓国在住韓国人
1%

N = 118

知っている
91%

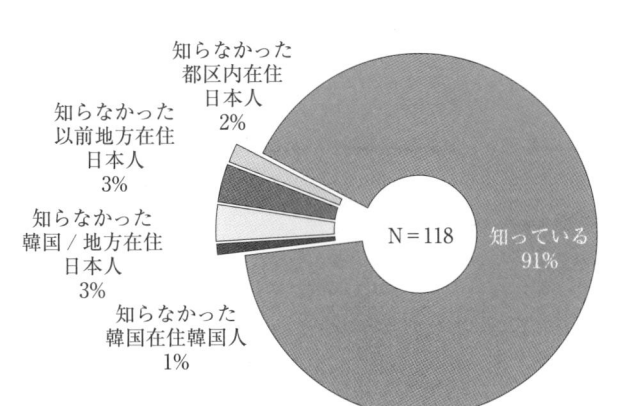

図 8-2 現在の日本の若い世代の女性文末詞不使用に関する認識
（日本国内・韓国在住者の回答）

とのない 30 代の日本人日本語教師 2 名が知らなかったということである。しかし、この 2 名に関しても、1 名は地方出身者で「使う場合もある」という意味合いである。残る 1 名に関しては、「ことばの男女の区別は自然である」という立場で回答している。いずれにせよ、日本語教師を主とする日本語教育関係者のほとんどが現状を認識しているということが確認できた。

3.2. 教科書における男女別女性文末詞の使用

3.2.1. パターン化した男女別文末詞の提示

本書の第 2 部第 3 章 2.2.において、教科書でカジュアル会話導入の際に、男女のことばづかいの違いを明示的に区別して提示していることについていくつかの例を示したが、この男女の差異をパターン化して導入することが必要であるか不必要であるかの二者択一で回答してもらった。その結果、日本、韓国、欧州の回答には差異はなく、全回答者の約 85％が必要であると答えた。その主な理由としては、次頁の図 8-3 に表したように、若い世代が女性文末詞を使用しなくなったという変化を認めつつも、「小説・マンガ・アニメ・ドラマ・映画などで多数使用されているため、その理解に必要」「年配など年代によってはまだ使われているため」「理解言語として必要知識」という意見が約 54％を占めている。

これにより、約半数が現状（若い世代は用いていないが、年配者は今なお使

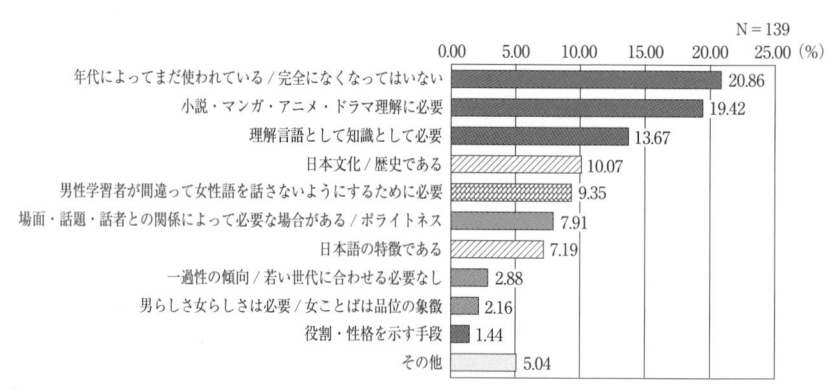

140　第4部　日本語教師は教科書が伝えるものをどう考えているか

	%
年代によってまだ使われている/完全になくなってはいない	20.86
小説・マンガ・アニメ・ドラマ理解に必要	19.42
理解言語として知識として必要	13.67
日本文化/歴史である	10.07
男性学習者が間違って女性語を話さないようにするために必要	9.35
場面・話題・話者との関係によって必要な場合がある/ポライトネス	7.91
日本語の特徴である	7.19
一過性の傾向/若い世代に合わせる必要なし	2.88
男らしさ女らしさは必要/女ことばは品位の象徴	2.16
役割・性格を示す手段	1.44
その他	5.04

N = 139

図8-3　教科書で男女別文末詞を対比的に提示することが必要な理由
（日本国内・韓国在住者・欧州居住者の回答）

用している）を重視しており、小説やマンガ、アニメなど登場人物のキャラクタライズのために女性文末詞が積極的に使用される創作物の理解には必要であると考えていることが分かる。また、9.35%が回答した「男性学習者が間違って女性語を話さないようにするために必要」というのは、海外の学習者に起こりがちな傾向を把握している欧州の教師たちである。海外の男性学習者は、接する日本人が女ことばを話す年代の女性（多くの場合は日本語教師）である場合、ともすると聞き覚えた女ことばをつい自分も使用してしまうということがある。その予防策として教師が女ことばに関してあらかじめ説明しておく必要があるため、ということであろう。その説明の際に、教師が現代の若者の実情を把握して学習者に「現在は年配の女性が使用しているが、若い女性は普段は使用しない」と適切に説明し、また、教科書で若い女性登場人物が女性文末詞を使用している例は使用しない例に変えるなど教師が工夫することにより、男性学習者が正しく理解していれば問題は回避できると思われる。

次に回答率の高かった「ことばの男女差は日本文化である/日本語の歴史である」との回答（10.07%）に関しては、ことばの男女差が現在でも日本語には存在することを、継承すべき日本文化ととらえるか否かによって、教え方も変わってくるだろう。7.19%の「日本語の特徴である」も同様である。その特徴を教える側がどう伝えるかは教師の認識やジェンダー感によるところが大きい。

ただ、7.91%の「場面・話題・話者との関係によって必要な場合がある/ポ

ライトネス」という回答があったが、これは特に欧州の回答者に多く、主にビジネスの場面を想定しての考えである。しかし、はたしてその場合、丁寧に話す必要がある状況で、普通体を使用するだろうか、という疑問が残る。ことに話者が若い世代であれば、あえてカジュアルな普通体は用いず、「です・ます」の丁寧体や敬語を使用するのがそのような状況での適切なコミュニケーションであろう。ゆえに「ポライトネス」のために女ことばをビジネスの場面や対外的に用いる可能性は一般的に極めて低いのである。

また、欧州のごく少数が「若者から女ことばが消えていっているのは一過性のこと」「いずれ社会人となれば使用し始めるはず」と回答したが、これは現在の20代30代の女性たちの言語使用の実態を正しく把握していないためであろう。現代の若者は、就職後も社会人となっても、女ことばは使用していないという事実は、本書第1部においても報告したように、自然会話や主張度の高いロールプレイなどの会話収集結果によって実証されている。さらに、「男らしさや女らしさは必要」「女ことばは品位の象徴」と考え、そのためにことばの男女差を積極的に教えるとしたら、そこには、言語に対するジェンダー・バイアス的な考え方による影響が潜在している可能性はないであろうか。

一方、文末詞の男女差をパターン化して導入する必要がないと回答した人の理由としては、年代によって、あるいは、映画・マンガ・ドラマなどで、男女差のある文末詞が使われていることを認識しつつも、大半が「現実に使われていない」「実情にあわない」「若い世代だけではなく地方でも使用されていない」ものをモデル化することに違和感を覚えている。「理解言語としては認識の必要性はあるものの、積極的な会話モデルとしては、実情を反映したニュートラル表現で充分である」というのが、この立場にたつ教師の主な考えである。

3.2.2. 若い世代の女性登場人物が使う女性文末詞

本書の第2部第1章でも多くの例を取りあげたが、日本語教科書や聴解問題集などでは、登場人物が女性である場合は、年齢、国籍にかかわらず、若い女性でも、現実には使用されていない女性文末詞の使用例が頻繁に認められる。このような教科書の会話例を現場で教える教師はどのように考えているのだろうか。この回答は、国内外では際立った差異はなかった。すなわち次頁の図8-4に示すように、「良いと思う」と答えたのは国内外の回答者全員の3分の1（32%）近

142　第4部　日本語教師は教科書が伝えるものをどう考えているか

N=200

- 良いと思う　64名　32%
- 年代と場面により使うべきではない　125名　63%
- 若い年代は使うべきではない　11名　5%

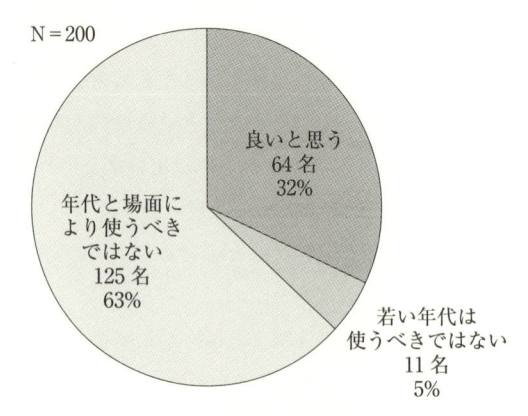

図8-4　教科書で若い女性登場人物が使用する女性文末詞について
（国内外全員の回答）

くで3分の2以上（63%）が「年代と場面により使うべきではない」あるいは「若い年代は使うべきではない」（5%）という回答結果であった。

「良いと思う」と答えた理由としては、「女性が男性と同じ話し方だと変に感じる」「女性文末詞を学んでいない女性の学習者が悪い印象を持たれる可能性がある」「その方が正当な日本語だから」「日本の言語文化の肯定的特質であるから」「伝統的な女性ことばはきれいで品位があるから」というように、明らかにジェンダー意識に左右されている意見がある。このような意見の主は60代以上の人が多い。

また、「実際に使われているから」「若い人の間でもまだ死語ではないから」「若くても企業内で使うから」などは、現代日本社会の若い世代の女性が女ことばを話していない、会社でも女ことばは話さないという実情[2]（自然会話の収集時、20代末から30代の多くの組は会社の同僚とのおしゃべりであったが、女ことばは出てこない）を認識していないことに起因する理由もある。さらに「ダイアログでは典型的な例を提示し理解する必要がある」「そのスタイルを教える必要がある」「男女の異なる表現を学ぶために」などと教授上の理由を挙げている教師もいる。また、「教科書が必ずしも実際の会話形式を100%反映する必要はない」「あくまで表現の一例であり教師の指導によるもの」など、従来的な基本となる女性文末詞は教科書でおさえておき、現実との違いに関しては教師の裁量

で埋めていけばよいと考えている教師も少なからず存在する。

　あとの70%近くの教師は、このような教科書の会話は現実とはかけ離れており、問題があると捉えていることが分かった（63%が「年代と場面により使うべきではない」、5%が「若い世代は使うべきではない」）。最も答えが多かった「年代と場面により使うべきではない」と考える回答者は、若い世代の女性が女性文末詞を使用していないことを認識し、このような教科書の会話例は「現実とかけ離れて不自然」であり、「学習者も同世代の日本人の話し方を学習することを望んでいる」ため、「実情に合わせた自然な使い方を提示すべきである」との意見である。「育ち・性格・場面・場合などにより、使用することもある」と考えている点で、5%の「若い世代は使うべきではない」と全否定する回答者と若干意見が異なる面がある。

　しかし、その約20％は、「女性だからというステレオタイプ的な使い方は問題」「過度な使用により誤った認識、ジェンダーに反映する恐れあり」「若い学習者がテキストと現実とのギャップに戸惑う」など、このような教科書の女性文末詞の使い方に危惧を抱いている。現在の教科書の女性文末詞の使い方に関して、「実情に合わせた自然な使い方をするべき」「学習者も同世代の自然な話し方を学習したいと望んでいる」「時代に合わせた教育をすべき」というのが、大方の日本語教育関係者の意見であると言えよう。

3.2.3. 考察

以上のアンケート調査結果より見えてきたのは、次の3点である。

日本語教育関係者は、そのほとんどが、あるいは多くが、

(1) 現在の若い世代の女性が女性文末詞を使用しなくなっているという現状を認識している。

(2) 日本語教科書において男女の文末詞の差異をパターン化して提示することは、小説・マンガ・アニメ・ドラマ・映画などで、今なお、それらが表現されており、いまだ使用している中高年以上の年代もあるため、知識として教え、聞いて理解できるように教育する必要があると考えている。

(3) しかし、教科書中の若い世代の女性登場人物によって現実では使用されていない女性文末詞を使用したダイアログを提示することは回避すべきであると考え、より現状に即した自然な言語使用を求めている。

ただし、(3)については、大多数ではないにしろ、なお32%が現状の教科書のあり方のままでよいと答えている。その理由には、「男女の区別やスタイルの違いがあることを指導するために必要」「教師の裁量による」とする意見が多かった。前者については、それならば、実情に合わない若い女性登場人物に不自然な女ことばを使わせるのではなく、実際に現在も使用している年配の登場人物の女ことば使用によって学ばせる方法の方がより自然な会話ではないだろうか。ゆえに、男女の異なる表現やスタイルが存在するということを学ばせるために、あえて現実では使用しない若い女性登場人物に女ことばを使用させる理由はないのである。また、後者の部類に属する教師であれば、おそらく、現場の教育で随時、時代の変化に即した情報を発信していることが期待される。

しかしながら、「女性が男性と同じ話し方だと変に感じる」「女性文末詞を学んでいない女性の学習者が悪い印象を持たれる可能性がある」「その方が正当な日本語という感じがする」「美しいやわらかい女性らしいことばを日本文化として残したい」など、ジェンダー意識に影響されていると思われる理由が少数ながら存在していた点には注視しなければならない。このジェンダー意識にとらわれ続ければ、実情とは乖離した日本語教科書の中の世界の「若い女性による女ことば」が一人歩きして学習者にパターンとしてインプットされ、「学習者は、教科書と現実とのギャップに当惑し」「その結果、教室の外で笑われたりして恥ずかしい思いをする」という可能性もある。これは、アンケートにおいても多くの教師が憂慮している点である。

また、「年代と場面により使うべきではない」を選択した63%は、若い世代が女性文末詞を日常は使用しないことや50〜60代以上の女性たちの多くが女性文末詞を今もなお使用しているという現実を重視してのことと考えられる。「使うべきではない場面」というのは、時として場面と目的により意図的に使用するということを意識した上での回答であろう。本書の第1部第1章4.の図1-3で示したように、若い世代の女性たちへのアンケート調査の結果、普段は使用しない女ことばだが、"使うとしたら"「冗談」「ギャグ」「気取り」「皮肉」などの意図的な特殊用法が大半を占める（66%）が、それ以外にも、「年配や目上に会話を聞かれている時」や「相手との関係を良くしたい時」などの目的でも時として用いることがある。しかし、教科書に出現する会話の状況設定は、そのような

「冗談」「ギャグ」「気取り」「皮肉」と言った特殊場面や一部の「お嬢様」キャラクターの発話でもなく、「年配や目上に会話を聞かれている」または「相手との関係を良くしたい」という状況設定でもなく、ごく普通の若い学生や留学生および若い社員などの友人や同僚や家族との"特殊ではない日常の場面設定の会話"である。そこに、教科書の中で若い女性登場人物に女性文末詞を使用させる意義は見いだせるだろうか。また、教科書にあえて特殊な意味合いの女性文末詞を提示する必要があるだろうかという疑問が生じるのも否めない。いずれにせよ、「若い世代は使用すべきではない」と答えた5％と合わせて、68％が現実の社会での言語使用状況を確実に把握し、実情に即さない言語使用を教科書で提示することに違和感を抱いていることは事実である。

4. 調査結果：家庭内と社会における女性の役割に関して

本書第3部第5章では、日本語教育の現場で広範に使用されている日本語教科書において、家庭の既婚女性は専業主婦が大半を占めており、イラストも家庭内の女性は主に母であり妻である役割で家の外に出て行く家族を送り出し、外から帰宅する家族を家で迎える専業主婦として描かれているものが、しばしば見られるということを観察した。これに関して日本語教育者の回答は、次頁の図8-5のように国内外でも意見に変わりはなかった。

また、日本語教科書の中で職場の女性は若い一般職の女性の描写が大半で、女性の職業はごく限られており、デパートの販売員、飲食店接客係、受付、店員などの主にサービス業に携わる女性が多数描かれている。また、教師や教授、医者などの知的職業に従事するのは圧倒的に男性に多く、女性は男性をサポートする役割としての描写が認められる。こうした教科書の中に描かれる女性の職業に関するアンケートの回答は、国内外では若干、差異が認められた。

次頁の図8-6が示すように、国内外ともに「今はさまざまな職業に従事しているのでそれを反映すべき」の意見が70％以上であるが、「現実なので今のままでよい」と答えた国内の回答（16％）は欧州の回答（9％）の1.8倍であった。国内外ともこの回答に分類される回答の絞り込みデータを観察したが、年代的にも居住地域的にも顕著な特徴は認められなかった。

146 第4部 日本語教師は教科書が伝えるものをどう考えているか

N = 200
■ 現実だからそれでよい　11名
□ 今はさまざまな職業に従事しているのでそれを反映すべき　189名

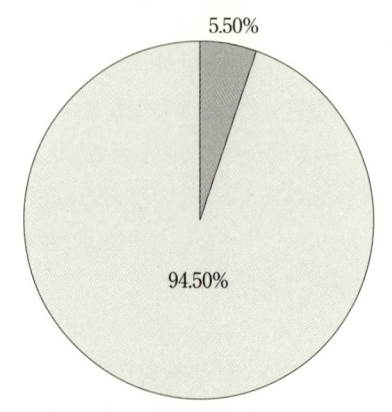

5.50%
94.50%

図8-5　教科書で専業主婦が既婚女性の典型として描写されていることについて（国内外全員）

8%　16%
21%　9%
内側：日本＆韓国
外側：欧州
70%
76%

N = 200
■ 現実なので今のままでよい
■ 今はさまざまな職業に従事しているのでそれを反映すべき
□ その他

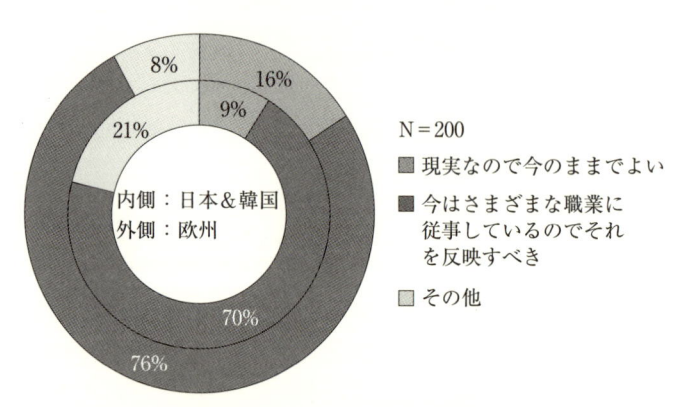

図8-6　教科書の中のサービス業など男性を支える役割的女性の職業に関して（国内外全員）

　一方、「その他」を選択したのは国内の方が多く国外の約2.8倍であった。国内の21%が選択した「その他」には、「おおむね教科書は事実を反映している（国内全体の4%）」「それほど教科書の内容は固定化していない（同1.5%）」「教科書の問題ではなく、教師が臨機応変に授業の中で紹介すべきこと（同1.5%）」

「外国語教育の教科書にはステレオタイプは必要（同1%）」など、さまざまなコメントや理由が記述されていた。この「その他」を選択して理由等を述べた人の中には、「教科書は事実を反映している」や「教科書の内容はそれほど固定化していない」という回答のように、実は、「教科書の描写は現実であるので今のままでよい」という回答と意味的に類似したものが全体の5.5%ある。それを加算すると、「教科書の描写は現在の日本社会の現実である」と考える国内の人たちは合計で17.5%になり、その値は結果的には欧州の「その他」（16%）とさほど変わらなくなる。国外の欧州のこの部類を選択した8%の中にも国内同様、「外国語教育の教科書がステレオタイプを提示するには必然性がある」（欧州全体の6%）との意見が最も多く、「教科書の問題ではなく問題はプレゼンテーションをする教師に委ねられている」（同4%）という国内と同様な回答が存在している。

いずれにせよ、アンケート結果から、日本語教育に携わる人びとの大半は、現在の日本社会での女性が従事する職業の多様性を充分認識し、教科書の偏った描写法に問題点を見いだしていることが確認できた。

5. 調査結果：日本の家族像に関して

本書の第3部第7章において、日本語教科書が伝える家族像の典型を報告した。教科書の中でメイン家族としてイラストに描かれているのは、会社員（サラリーマン）の父親、専業主婦の母親に男女一人ずつの子供であり、調査した16種の教科書でも「夫婦と未婚の子」という家族形態が統計的に群を抜いていた（88%）。この件に関しても国内外のアンケート調査で質問した。この質問に先行して「ほとんどの日本語教科書では、家庭内の女性の役割は専業主婦に限られているが、それに関してどう思うか」という質問をし、それに対して「今は、さまざまな形態があるので、それを反映すべきだ」と回答した国内70%、欧州76%の回答者に対し「具体的にどのような家族形態を反映させたらよいか」という質問に対し複数回答で答えてもらった。結果は次頁の図8-7に示す。国内外には目立った差異はみられなかったため、合算で図示してある。

この結果より、96.5%という高い比率で「共働き」が教科書の中に描写されるよう求められていることが分かった。これは、本書の第3部第5章2.2.でも報

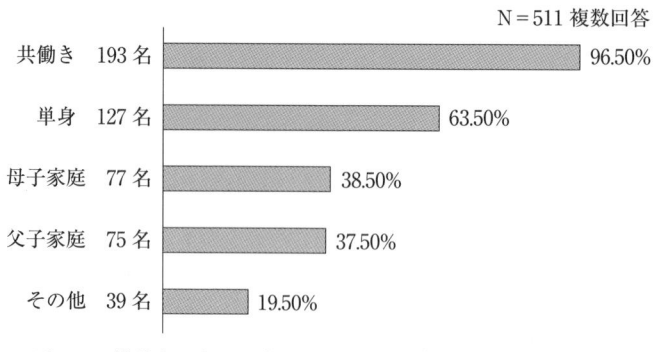

148 第4部 日本語教師は教科書が伝えるものをどう考えているか

N＝511 複数回答

- 共働き　193名　96.50%
- 単身　127名　63.50%
- 母子家庭　77名　38.50%
- 父子家庭　75名　37.50%
- その他　39名　19.50%

図8-7　教科書の中に反映させたい日本の家族形態（国内外全員）

告されているように、教科書の中の妻の労働状況として「専業主婦」が49%から70%以上の可能性で存在し、「外で働く妻」がわずか18%しか登場しないことから、現実（平成25年には、「共働き世帯」が59%であり、30年前に64%を占めていた「専業主婦世帯」は平成8年あたりより「共働き世帯」に逆転されて現在に至っている）との多大な矛盾を実感した上での回答であろう。次に多いのが63.5%の「単身」であるが、これは、本書第3部第3章で観察したように、急速に進む高齢化社会に伴う独居高齢者の増加や学生など若い世代を含めた単身者が教科書には印象付けられた形で登場しないため、日本語教師に求められていると考えられる。「その他」の回答中には、要介護家庭、3世代、事実婚、離婚家庭、同性婚、仕事を持つ未婚女性、独居老人、などが含まれる。

　日本語教師が教科書に反映を求める日本語家族形態として上位の「共働き」「単身」は現実社会の実情からも当然のことであり、日本語教師が日本社会の実情を把握していることを示している。しかし、第3位と4位の「母子家庭」「父子家庭」は、本書第3部第7章の2で示した政府によるデータによるとおり、現実社会の統計的には過去38年間で最も多い平成25年の統計でも全世帯のわずか7.2%である。したがって数値的には多数派ではないが、社会において就労支援や経済支援を積極的に行おうとする政策や、社会的偏見をなくそうとする考え方から、日本語教科書に少数派であっても取りあげたい部類なのであろう。

6. 調査結果：ジェンダー問題に配慮した教科書制作の必要性

　以上に述べたように、このアンケート調査により、大方の日本語教師は日本国内外にかかわらず、日本の若い世代の女性のことばの変化や家庭内や社会における女性の役割の変化を認識し、日本語教科書のジェンダーに関して問題意識を持っていることが分かった。しかし、現実の変化に気づきながらもなお、教科書のパターン化した典型や現実の使用実態とは異なる言語使用例を容認し、それは「教師の教える力量による」と考えている教師も少数ながら存在した。では、日本語の教科書は今までのままでよいのだろうか。このアンケート調査の最後に「ジェンダーに配慮した[3]日本語教科書作成が必要か」という質問を投げかけたところ、次の図8-8に示すように「必要ではない」と答えたのが全アンケート回答者200名中1名のみであり、64.5%が「必要だ」と答えた。

　多数の日本語教師が、現状の日本語教科書の多くにジェンダーの観点より疑問を感じることがあり、教科書に存在するジェンダーの問題点に関して考慮した教科書を求めていることは明らかである。残りの35%も、「現状の教科書を使用し

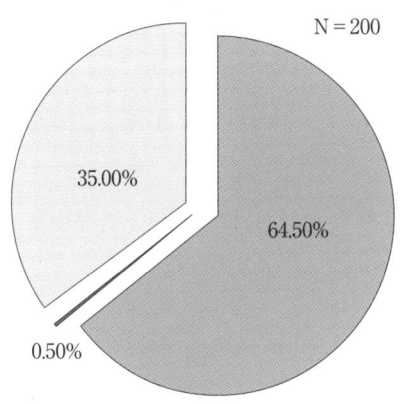

N = 200

35.00%
64.50%
0.50%

■ はい、必要だ　53名
■ いいえ、必要ではない　1名
□ 現状の教科書を使用し教師が現実の
　　変化を伝えればよい　28名

図8-8　ジェンダーに配慮した教科書の必要性（国内外全員）

教師が現実の変化を伝えればよい」と、教科書のジェンダーの問題点について認識した上で、独自の方法で個別対処しようと前向きの姿勢を示している。現場で教える教師が、教科書に描かれてきた女性像改変の必要性を認識し、より日本社会の現状を反映した教科書制作に対して積極的態度を示しているのは心強い限りである。

注
1) この調査で利用したアンケートソフト「アンケートツクール」は、集計結果を自動的にグラフに表し、生データのダウンロードや絞り込み集計により属性別回答も得ることが可能である。また、アンケート開始時に「二重回答の防止」というオプションを設定することが可能であったが、「する」に設定すると、同じIPアドレスからの2回以上の回答をカウントしない。このため、会社や学校などで同じコンピュータを共有している場合や、同じ建物内での使用を想定している場合は、しばしばIPアドレスも同じになるため、「しない」を選択するようにという指示があった。したがって、当アンケートでは「二重回答の防止」を設定しなかった。
　ところが、アンケート終了後、生データを調べてみたところ、日本国内の回答の中に12名がまったく同じ回答をしていることが発覚した。これらの回答は連続して入力されていたため、使用コンピュータの不都合による可能性が考えられた。このアンケートソフトのシステム上、これらの重複回答を削除することができないため、本書では、そのソフト自体が作成した集計図は用いず、生データよりそれらの重複データを手作業で削除し、それをもとに集計した結果を新たに作図し用いている。
2) 「～だろう」が「～でしょう」など「です・ます」体に変わる場合はあるかもしれないが、ビジネスの場面では男性でもそのような丁寧形は用いるため女性だけの傾向ではない。また、本研究のテーマは普通体で話すカジュアル会話であるため、そのような場合は対象外。
3) ここで言う「ジェンダーに配慮した」とは、いうまでもなく、いわゆるさまざまなジェンダー・イデオロギーに起因する問題を認識してそれをどう取り扱うかに関して熟慮した上での配慮という意味である。

〈章末資料〉
日本語教育者に対するアンケート調査

＊＊＊＊＊アンケートの説明＊＊＊＊＊

日本語教科書には、さまざまなジェンダーが観察されます。
　日本語には、「(だ)わ」「わよ」「わね」「かしら」「のよ」などの、従来、女性が使用するとさ

れている尻上がり調の女性特有の文末形式が存在しています。

　これらの女性文末形式は、男性特有の文末形式と対照的に紹介され、ほとんどの日本語教科書において、ダイアログや練習などに出現しています。

　また、教科書の中に描かれている女性像や女性の役割なども、必ずしも日本社会の現状を反映しているとは言えないものも見受けられます。

　このアンケートは、日本語教育関係者の方々がこれらの問題をどのように考えていらっしゃるかを調査するものです。

回答対象者：日本語教育関係者（日本語教師、日本語／言語学の教師および学生）
回答にかかるおよその時間：5分～10分程度
回答期限：2010年7月10日（土）

＊このアンケートに関する一切の責任の所在は調査者本人にあり、調査結果は、2010年10月以降に公開予定です。

ご協力を心より感謝致します。（北九州市立大学：水本光美）

＊＊＊＊＊アンケート質問＊＊＊＊＊（問3は日本／韓国居住者向け）

問1　あなたの国籍と性別は？
　　　1. 日本人女性　　2. 日本人男性　　3. 外国人女性　　4. 外国人男性
問2　あなたの年齢は？
　　　1. 20代　2. 30代　3. 40代　4. 50代　5. 60代以上
問3　あなたの現在の居住地は？
　　　1. 東京都区内　　2. 神奈川／千葉／埼玉／茨城／群馬／栃木／山梨
　　　3. 中部／近畿／中国　　4. 四国／九州／沖縄　　5. 東北／北陸　　6. 北海道
　　　7. 韓国
問4　現在の居住地以外で過去10年以上住んだことのある地方は？（複数回答可）
　　　1. 東京都区内　　2. 神奈川／千葉／埼玉／茨城／群馬／栃木／山梨
　　　3. 中部／近畿／中国　　4. 四国／九州／沖縄　　5. 東北／北陸　　6. 北海道
　　　7. 韓国　　8. なし
問5　あなたが家族と話す言語は？
　　　1. 日本語　　2. 日本語と外国語　　3. 外国語
問6　あなたの職業は？
　　　1. 日本語教育関係（日本語教師）　　2. 日本語教育を専門とする学生　　3. その他
問7　あなたが今までに使用したことがある教科書は？

152　第4部　日本語教師は教科書が伝えるものをどう考えているか

　　　1. みんなの日本語　　2. 会話の日本語　　3. げんき　　4. 文化初級・中級
　　　5. Situational Functional Japanese　　6. Total Japanese　　7. 中級の日本語
　　　8. ニューアプローチ　中級日本語　　9. J Bridge　　10. なめらか日本語会話
　　　11. 楽しく聞こう　　12. マンガで学ぶ日本語会話術　　13. 日本語生中継
　　　14. 日能試　試験問題（聴解・聴読解）　　15. 日留試　試験問題（聴解・聴読解）
　　　16. Japanese for Busy People　　17. その他

問8　現在の日本の若い世代（20代-30代）の女性は、ごく親しい友人や家族間のカジュアルな会話（普通体を用いた会話）において、女性特有の文末形式をほとんど使用しませんが、その事実について、

　　　1. 知っている　　2. 知らなかった

問9　日本語の教科書（副教材としての聴解問題集も含む）に男女の文末形式が対比的に紹介されていることに関して、

　　　1. 必要だ　　2. 不必要だ

問10　その理由は？

コメント欄（字数制限400字）

問11　日本語の教科書のダイアログや会話や練習会話などで、若い世代の女性登場人物の発話に女性文末形式が使われていることに関して、

　　　1. 良いと思う　　2. 若い年代は使うべきではないと思う
　　　3. 年代と場面により使うべきではないと思う

問12　その理由は？

コメント欄（字数制限400字）

問13　日本語教科書の中に描写されている社会における女性の役割についてどう思いますか。
＊日本語の教科書の中では、女性の職業はごく限られています。→（例）会社ではOL、デパートの店員、受付、秘書、ニュースキャスター、お天気お姉さん、日本語教師など。

　　　1. 現実なので今のままでよい
　　　2. 今はさまざまな職業に従事しているのでそれを反映すべき
　　　3. その他

問14　上の質問で「3　その他」を選択した方は、具体的にお書きください。

コメント欄（字数制限400字）

問15　ほとんどの日本語の教科書では、家庭内の女性の役割は専業主婦に限られていますが、それに関しては、

　　　1. 現実だからそれでよい
　　　2. 今はさまざまな形態があるのでそれを反映すべき
　　　3. その他

問16　上の質問で、2を選択した方、具体的にはどのような家族形態を反映させたらよいと思い

ますか。
　　1. 共働き　　2. 父子家庭　　3. 母子家庭　　4. 単身　　5. その他
問17　上の質問で、「5　その他」を選択した方、具体的にお書き下さい。
コメント欄（字数制限400字）
- -
問18　日本語の教科書のイラストには、ジェンダーに関するものが含まれていますが、どのようなものに問題があると思いますか。
　　1. OLのお茶くみ　　　2. OLの電話応対やコピー取りの仕事
　　3. 男性社員ばかりの会議　　4. 男性社員ばかりの出張
　　5. 主婦が帰宅した夫の着替えを手伝う場面　　6. 男性ばかりが外でお酒を飲む
　　7. 大学教授はすべて男性　　8. 日本語教師はすべて女性
　　9. 主婦同士の話はもっぱら子供のこと　　10. その他
問19　上の質問で「10　その他」を選択した方は、具体的にお書きください。
コメント欄（字数制限400字）
- -
問20　ジェンダーに配慮した日本語の教科書作成が必要だと思いますか。
　　1. はい、必要だ　　2. いいえ、必要ではない
　　3. 現状の教科書を使用し教師が現実の変化を説明すればよい

以上。

終　章

これからの日本語教科書

1. これまでの教科書の問題点

　1986年4月から施行された「男女雇用機会均等法」は、職場での男女平等を確保し、女性が差別を受けずに家庭と仕事の両立が実現できるように支援すべく制定された法律である。その後1997年と2007年の2度の改正を経て、職場における男女差別は改善され、今後は具体的な企業の取り組みが課題ではあるが、現在では、法的には、ある程度整備されていると考えられている。
　確かに30年前と比較しても、現在の日本社会は女性の社会進出が進み、女性の職種も拡大し、それに伴い共働きも増加していることが実感される。職種としては、オフィス内では、事務職のみならず、むしろ技術職、研究開発職などに女性の進出はめざましく、いまだ少数派ではあるが、管理職にも女性の姿は認められる。従来、男性の職種として限定されてきたタクシー、バス、電車などの運転士、配送関係、警察官、消防士、自衛官などの職種においてさえも、徐々に女性の姿が見られるようになった。
　しかしながら、外国人向けの日本語教科書で紹介される日本の女性像は、いまだに30年以上前の状況から脱してはおらず、昔ながらのステレオタイプ的イメージが引き継がれており、特に現在の若い世代の女性像は適切に描かれてはいない。本書第3部でも観察したように、日本語教科書の中の日本女性像と現代社会の女性達の実態には、社会における役割上に大きな隔たりが確認された。教科書の中では、例えば、本書第3部第5章で観察したように、結婚後の女性たちの中心的存在が専業主婦として描かれているが、第6章における政府によるデータ

終 章 これからの日本語教科書 155

で確認したように、現在の日本社会では、結婚後も大半の女性が外の社会で働く共働きである。教科書の中の、結婚後家庭内に留まり家事・育児に専念する専業主婦は、実社会では、数値的にも少数派となっているにもかかわらず、いまだに多数派としての印象を与える存在として教科書によって積極的に描かれ、イラストによって強調されている。

　また、教科書の中の働く若い女性たちは、事務系一般職として描かれているケースが過半数であるが、現代社会では、若い世代の大半が総合職志向であり、技術・専門職にも従事している。かつて、職場の女性と言えば、結婚前の一時期に外で働く女性という印象が強かったが、それは、もはや過去のことである。それにもかかわらず、教科書の中では、総合職や専門職の女性は極めて少数であり、イラストでも印象づけられているように、外で働く女性は、結婚前の一時的な仕事に従事する若い女性として印象づけられている。女性の職業に関しても、従来型のサービス業が主で、女性が圧倒的に多い職業（看護師、薬剤師など）は教科書にはほとんど描かれていないのが現状である。

　一方、教科書に登場する女性管理職は、男女総数の割合としては、実社会の現状からそれほど逸脱はしていない。しかし、女性管理職を登場させている教科書は16種中わずか4種のみであり、イラストや会話で積極的に女性管理職の描写をしているのは、わずか1種であった。国際的動向を考慮すれば、この数は教育的立場からも極めて消極的であるといえよう。

　さらに、本書第3部第7章で確認したように、現在の日本社会では高齢者化を反映して単身者や子供のいない夫婦の割合が全体の半数にまで急増しているという実情は教科書には反映されておらず、35年以上前に一般的と考えられていた「夫婦と未婚の子」の家族形態が主流である。

　また、第1部で見てきたように、従来女らしいことばづかいの代表格であった女性文末詞に関しては、現在の20代、30代の若い世代では、引用、冗談、皮肉などの特殊用法以外の普段の会話からは、すでに消滅してしまっている。にもかかわらず、日本語教科書ではいまだに若い登場人物が頻繁に使用している例が多数認められる。日本語教科書は、ジェンダーという観点からは、現実の日本社会の変化を反映しているとは言い難いのが現状である。以上のことから、教科書に積極的に描写される日本の女性像・家族像に関しては、女性管理職を除き、日

本女性のイメージが数十年前のステレオタイプに今もなお止まっているということが問題点として浮かび上がってくる。

2. 伝統的なステレオタイプか現実と将来を見据えた姿か

　第4部の日本語教師をはじめとする日本語教育関係者へのアンケート調査結果では、その大半が、教科書の偏った描写法に問題点を見いだしているが、中には少数ながら、社会の変化に伴い、日本女性の社会への進出も以前より認めつつも、「あと数世代交代しなければ、まだ教科書の反映の範囲を超えられないだろう」という悲観的な意見や、「外国語の教科書では、ある程度、ステレオタイプを見せる方が教えやすい」「若い人たちが主流ではない」「現在の若い世代の変化は一過性のものである」という理由で旧来のステレオタイプを支持する意見もみられた。

　しかし、若い世代による女性文末詞の消滅、共働き世帯や高齢者世帯（単身、夫婦のみ）の増大、総合職や専門・技術職への女性の躍進などは、現代日本社会の現状であり、女性が積極的に社会において貢献し始めて30年余りの推移を観察すれば、もはやこれらは現代社会における一般的状況であるため、一過性のものと見過ごすことはできない。また、何よりも私たち教師が教える対象は主に若い世代の学習者であり、教科書も学習者が遭遇する可能性の高い日常生活を描いていることを鑑みても、「若い人たちが主流ではない」と考えるのではなく、教師が若い世代の目線にたち、過去ではなく現在と将来を見ることこそが求められているのではなかろうか。

　一方、確かに、女性の日本社会への進出が推進され、実際に急速に進んでいるとは言っても、いまだ、正社員の女性全体の平均給与は男性の67.55％に止まっている（平成26年国税庁調べ[1]）という現実、また、女性政治家数（衆議院16.1％・参議院平均で約8.1％：IPUの"Women in Paliaments"、2014年10月1日調べ）が世界でもいまだ低いところにある事実（134位）や、女性管理的職業従事者が世界レベルからは、はるかに遠い現状（11.2％[2]：平成25年平均、内閣府調べ）を顧みると、日本語教科書に描写される日本女性の古いステレオタイプが、いまだ、人びとの意識の中に深く根付いて残存していることは推察でき

る。

　しかし、我々日本の文化を世界に伝える立場の教師が、新しい社会の動向に対して消極的立場をとり、教科書に描写され続けてきた日本女性の旧来のステレオタイプを、現在の日本女性像として、今なお伝え続ける意味があるだろうか。変わりゆく日本社会の若い世代の変化を積極的態度で世界に発信していかなくともよいのだろうか。教える立場の者は、社会変化と実情に常に敏感であり、日本社会の生の情報を伝える義務があるのではなかろうか。

　また、「教師が授業の中で紹介していくべき。教科書の問題ではない」や「教科書はある程度、現実を反映している。臨機応変に社会の変化に応じて教師が柔軟性を持って教えればよい」とする意見もあった。この部類に属する教師であれば、おそらく、教科書の内容いかんにかかわらず、教科書の内容に問題点を見いだし、現場の教育で随時、時代の変化に即した情報を発信していることが期待される。しかし、現場にはさまざまなバックグラウンドの教師が存在し、長年海外に居住し日本社会の変化を認識しないまま教えている人や、経験の浅い教師などにとっては、教科書はある意味で多大な影響力も持っているということを忘れてはならないであろう。そういう意味でも、言語のみならず文化もともに伝える語学の教科書制作者は時代の変化に敏感であることが求められているのである。

　他にも、「私が使用している教科書には、女性の医師、教師、課長もでてくるので、女性の職業が限られていると感じたことはない」と、比較的、社会的地位の高い女性を登場させている教科書だけを扱っている人は、他の多くの日本語教科書の傾向を認識することのない比較的幸運な教師であろう。しかし、そのような教科書においても、主たる家族における妻は専業主婦であり、フルタイムで働く主婦は概して積極的には描かれていない。このような現在の日本の妻の就業状況（平成25年政府調査で約60%が共働き世帯 p.112の図6-1参照）が正しく反映されていないという点は認識しておく必要があるだろう。

　本書において検証してきたとおり、教科書の中で印象づけられる日本女性像に関しては、日本語教科書はジェンダーの扱いを再考する時期に到来しているとみられる。教科書は教師のためにあるのではなく、あくまでも学習者のために制作されるべきものである。今後は、過去に固執するのではなく、現在と将来への動向を見据えた教科書制作が求められているのである。

3. これからの教科書への一提案

3.1. 女性文末詞の扱い

本書では、長年の研究の成果として、今後の教科書に関して考えてみたい。まず、教科書の中の女性の普通体によるカジュアルな発話の文末であるが、次のようにまとめられるであろう。

(1) 若い女性（20代 - 30代）登場人物の文末には女性文末詞を用いない。
(2) 感情的な主張度の高い文脈においても若い女性登場人物の文末に女性文末詞を用いない。
(3) 若い女性たちの母親世代（50代）およびそれ以上では、実際に女性文末詞を使用している人も存在するため、学習者は聞いて認識する必要はある。したがって、高年以上の女性登場人物には女性文末詞を用いることはあり得る。→ 女性高齢者など
(4) 文学、マンガ、古い（時代背景の）映画などでは、女性文末詞は登場人物の年代を問わず頻繁に使用される傾向があるため、読んで理解することも必要である。
(5) したがって、教科書で男女のことばづかいの違いを対比的に紹介はする。ただし、その際に実社会においては若い世代の女性は女ことばを用いないことを明記し、文学やマンガなどの役割語としてキャラクタライズしていることを説明する必要がある。

ことばは、徐々に時代を超え変化するものであるが、この女性文末詞に代表されるように、時折、時代のニーズに敏感に反応して急速に変化することもある。我々教える側は、その変化に常時注目し、変化の性格を吟味しながら、学習者に知識・情報を正しく伝える役割があることを再認識したいものである。

3.2. 家庭や社会における日本女性像：役割と女性の職業

本書の第3部で観察した現代日本社会における日本女性の実情より、今後、新たに制作される教科書における日本女性の姿について何を取りあげれば現状と

近い将来を正しく見据えた日本社会の描写ができるか、ということが明らかであろう。すなわち、従来のように、「既婚女性＝家族を支える役割＝専業主婦」「男性＝指導的役割、総合職・管理職、知的・技術的専門職＝社会的地位の高い職業：医師、教授」「女性＝男性を支える役割、一般職・サービス業：小売業、事務職」というジェンダーイデオロギー的構図から脱し、今後の教科書には、「共働き」の女性、「技術的専門職」に従事する女性が描かれることが望ましい。具体的には、教育に従事する女性達に加え、薬剤師、看護師、小児科、産婦人科、歯科などの女性の医師も積極的に登場させることが、現在の日本社会を反映したあり方であろう。

教科書のイラストにも現代社会の実情を反映すべきであろう。例えば、教科書にメイン家族を設定するとしたら、次の挿絵 終-1のようなイメージはどうだろう。本来ならば、現在（平成25年調べ）の合計特殊出生率は1.43[3]であるため、この傾向が今後も継続するとすれば、夫婦に子供1人の家族が一般的になるであろう。しかし、平成17年の出生率1.26を最低値として、それ以後は、政府の方針どおり年々徐々に上昇してきていることと、「女性が出産後も働きやすい環境づくり」が今後も具体的に進んでいくことを期待して、今後の教科書に描く一般的家族像の一つとしては、希望的観測ではあるが、子供2人としたいところだ。言うまでもなく、母はフルタイムで働く女性、女性が最も多く働く分野の医療関係、例えば、薬剤師などをモデルとしてもよいだろう。このモデルの子供の年齢は、母親の年齢にしてみれば、従来の教科書に描かれるモデルより低くなっているが、母親の出産年齢は第1子が25歳から29歳、第2子が30歳から34歳が最も多いという統計データ[4]より算出したものである。

母（49）薬剤師　父（50）会社員　娘（20）大学2年生　息子（16）高校1年生

挿絵 終-1　日本の家族形態 案1

他の家族像として、近年、少子化に伴い急増している高齢者もこれからの教科書には欠かせない存在だ。例えば、次頁の挿絵 終-2や3のように、夫婦2人の高齢者は、現在の日本の健康ブームを反映して2人で楽しくジョギングしているイラストなどどうだろうか。また、世界一の寿命を誇る日本女性だが、本書第

160

挿絵 終-2　日本の家族形態　案2 　　　挿絵 終-3　日本の家族形態　案3

　3部第7章の図7-4でも見たように、高齢者世帯の35%を単身女性が占める現状を反映して、高齢の女性が楽しくガーデニングでもしているイラストを提案する。言うまでもなく、一人暮らしの学生や勤め人も単身世帯に含まれるため、教科書には登場させたい。
　家庭内の女性については、近年既婚女性の半数以上を占める共働き夫婦を登場させよう。挿絵 終-4のように、共働きであれば女性が男性より遅く帰宅することもあるわけであり、帰宅したら夫が夕飯の準備をしていたというイラストなど、近年の料理男子も反映でき、共に働き共に家事をするという生活形態が表現できるであろう。また、挿絵 終-5のように、幼い子供を抱えて夫婦揃って買い物に出かける姿は、すでに現代の若い世代ではよく見られる光景である。

挿絵 終-4　日本の家族形態　案4 　　　挿絵 終-5　日本の家族形態　案5

終 章 これからの日本語教科書　161

次に、職場の人びとのモデルとしては、従来の教科書の中に描かれているような男性上司のみというのではなく、次の挿絵 終-6 のように、女性上司も加えたい。言うまでもなく、部下たちは女性も男性と同様に総合職である。女性たちが着用しているのは、従来のような OL 専用の制服ではなくビジネススーツである。

＜職場の人々＞

部長　課長

挿絵　終-6　日本の職場の人びと　案

挿絵　終-7　職場の女性上司

挿絵　終-8　日本の職場の様子　案1

職場での仕事を描写する際、今までのように男性ばかりの職場ではなく、挿絵 終-7から9のように、女性上司や女性が存在する会議や女性がプレゼンテーションをしている様子など、女性が当たり前に男性同様に職場で働いている様子を表したいものだ。

さらに、従来の教科書で印象づけられてきた女性の職業だが、今までも女性の職場と言われてきた看護師や薬剤師は、教科書の中でも日常生活の描写をする際

挿絵　終-9　日本の職場の様子　案2

に積極的に登場させるべき職業である（挿絵 終-10、終-11）。

　従来の教科書に多数描かれてきた医者と教師については、まず、教科書に描く日常生活で万人がかかる医者といえば、内科、小児科、歯科が代表的であろう。本書第3部第6章の3.1.で示した政府のデータによれば、男性より女性の方が多い医者は皮膚科である（51.2%）。ただ、教科書に登場させるには、日常生活のニーズから考えても内科、小児科、歯科の方が、需要度が高いであろう。したがって、筆者の提案する教科書の中の女性医師は上述の3種の中から近年若い世代の女性医師が急増している小児科（挿絵 終-12）と歯科（挿絵 終-13）である。内科に関しては、今なお、男性医師の比率が高いため、教科書の中の内科は男性医師に譲ろう。

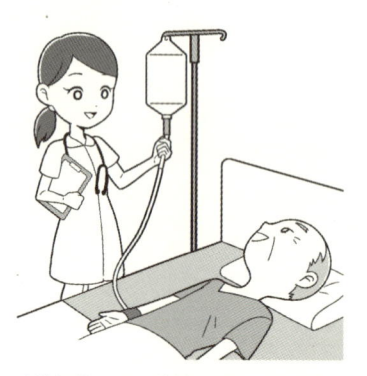

挿絵 終-10　女性の職業：看護師 　　　挿絵 終-11　女性の職業：薬剤師

挿絵 終-12　女性の職業：小児科医 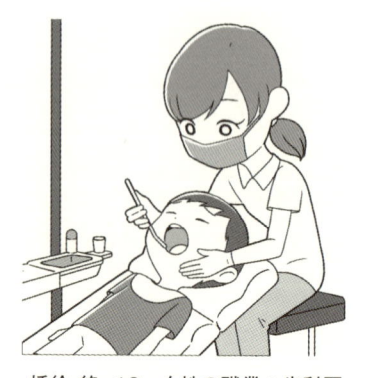　　挿絵 終-13　女性の職業：歯科医

次に教育分野であるが、本書第3部第6章の3.2で示した政府のデータによれば、確かに大学における女性教員数は全国平均ではいまだ25％にも満たない。しかし、短期大学や小学校においては女性教員の方が圧倒的に多い。教科書の中に男性教授が諸処に登場しイラストでも印象づけられているが、今後の教科書には挿絵 終-14のように女性教授もイラスト付きで是非登場させたい。

挿絵 終-14　女性の職業：教授

4. ジェンダー・フリーを目指して

　本書において、日本語教科書や教材における女性による言語使用および日本女性像・家族像が30〜40年以上前の旧ステレオタイプに基づいているということを検証した。多くの教科書や教材がこの実社会の現状を反映しない従来型の女性文末詞使用を日本語のモデルとして提示し、旧ステレオタイプの日本女性像などを伝え続ける限り、日本語教師は今後も、この違和感を抱きながら「この使い方は、現在では使われていない」「このような女性は、今の日本にはもういない」などと教科書の内容をその都度否定して教えなければならない。筆者も、長年、その違和感と不合理さに困惑しながら、その事実を学習者に伝えてこなければならなかった。また、内容が適切であっても、不適切な文末詞の多用性ゆえに、また旧泰然とした日本の描き方ゆえに、教室での使用を断念せざるを得なかった教科書も少なくない。

　若者の文末詞使用状況における変化が注目され始めてから約25年が経過したが、その間、教科書においてはその変化は注目されないまま、今もなお、年配の世代と同様に若者世代にも女ことばを使わせている。また、女性は職場では男性の補助的な仕事をし、結婚したら家に入り家族のために主に家事と育児に専念す

るのが日本では好ましいという印象を多くの教科書は与え続けている。そのような教科書群が日本語教育ではいまだ一般的なのである。しかし、現実社会は随分以前から変化をはじめ、これからの社会を担っていく若い世代からは着実に男女の壁は取り除かれ、自分らしい話し方、生き方を選択しようとしている。

　なぜ日本語の教科書は現代社会の変化を教科書に反映しないのだろうか。もちろん、教科書をいったん発行すれば、その後の改定は容易なことではなかろう。しかし、改定された教科書においても、女性文末詞の若い女性による"不使用"が反映されず、女性の社会的な進出を反映しないということは、制作者は、まだ根強く「女性文末詞＝日本語の特徴＝継承すべき日本文化」「男性を支えるのが女性の役目＝日本社会の特徴＝継承すべき日本文化」という意識や「若い女性＜中高年以後の女性＝社会の中心」という図式に支配されているとも推察できる。

　しかし、従来のジェンダー意識にとらわれ過ぎて若い世代を無視し、実際には使われていないことばづかいを典型として学習させ、実際にはすでに変化してしまった女性のあり様や家族像を今なお日本社会の典型として伝えることは、学習者から期待される教師像ではないだろう。我々が教えている学習者の大半は若い世代であり、彼らが望んでいるように、彼らが学習することばを、より現状に即したものに近づける努力は忘れてはならない。また、いまだ日本社会には女ことばも専業主婦もOLも少数派であってもなお存在するからという理由で、教科書中の若い登場人物による女性文末詞使用や旧来の日本女性のステレオタイプをよしとするのも、学習者の誤解を招きかねない。教える立場の者は、ことばづかいの変化と社会変化と実情に常に敏感になり、より学習者の求める「生きた日本語（現在実際に使われている日本語）」という生の情報を通じて生きた日本社会を伝える義務があるのではなかろうか。

　また政治的にも、2013年4月19日に安倍内閣総理大臣による「成長戦略スピーチ」の中で「女性が輝く日本」に対する戦略が打ち出されて以来、ごく最近、2014年9月の第69回国連総会における一般討論演説に至るまで、日本政府は「女性が輝く社会」を目指して、社会における「女性のエンパワーメント」をこれからの主導的理念として国策として推進しようとしている。同年7月に開催された「第19回国際女性ビジネス会議」においても、安倍総理は「女性ならではの視点を経営に組み込む、そして働き方も変わっていく。女性の視点を生かし

た新しいルールによって企業がリスクを回避し、競争力を高めることができ、日本経済の持続的な成長力も高まっていく」と明確にしていることからも、今後は若い世代の女性たちは、政府や社会による支援体制のもとで出産という時期を越えてもさらに総合職としてのキャリアを積める時代になっていくであろう。すなわち、今後は、日本語の教科書の若い女性の描写も、従来のような事務系一般職主体のイメージでは、現実の社会情勢とはますますかけ離れていくであろう。

　男女雇用機会均等法が制定されて最早30年が経過し、女性は男性と同等に急速に社会に参画しようと前進している。日本女性の社会における役割も、3,40年前からは多大な変革を見せており、従来、男性だけの職業とされてきたものにも女性の積極的進出が認められる。日本語教科書は、ジェンダーの扱いを再考してもよい時期が確実に到来している。教科書執筆者がこの時の流れを諦観し、今後の教科書制作や改編時に実情を反映させる努力を惜しまないことを大いに期待したい。

注
1) 国税庁による平成26年9月発表1の「H25民間給与実態統計調査」(p.10) によれば、正規社員の一人当たりの平均給与は、男性527万円、女性356万円である．
2) 内閣府男女共同参画局 (2014)、「平成25年度男女共同参画社会の形成の状況」第2章 p.63のI-2-9図のデータ参照．平成26年6月公表．
　　http://www.gender.go.jp/about_danjo/whitepaper/h26/zentai/html/zuhyo/zuhyo01-02-09.html
3) 厚生労働省 (2014)『平成25年人口動態統計（確定数）の概況』、平成26年9月1日公表、p.14第5表を参照．
　　http://www.mhlw.go.jp/toukei/saikin/hw/jinkou/kakutei13/dl/00_all.pdf
4) 同上、p.13第4表 (3) を参照、同上URL.

初出一覧

　本書は、すでに刊行した単著論文の一部を削除や加筆、データの更新などの大幅な修正作業を経て執筆してある箇所がある。それらは筆者自身の単著で以下の所属大学の紀要掲載論文である。

水本光美（2011）「日本語教師の意識調査分析 ― 日本語教科書における女性文末詞使用に関して ― 」,『基盤教育センター紀要』第 9 号, 北九州市立大学, 55-80.

水本光美（2012）「日本語教科書における日本女性像：家庭内の女性と仕事場の女性のステレオタイプ」,『基盤教育センター紀要』第 12 号, 北九州市立大学, 2011 年 3 月, 1-19.

水本光美（2013a）「日本語教科書における女性の職業：教科書分析と日本語教師の意識調査分析（2013a）」,『基盤教育センター紀要』第 16 号, 北九州市立大学, 2011 年 3 月, 19-44.

引用文献

安倍晋三（2013）「安倍総理　成長戦略スピーチ」，首相官邸，内閣官房内閣広報室，平成25年4月19日，http://www.kantei.go.jp/jp/96_abe/statement/2013/0419speech.htm.

安倍晋三（2014）「第69回国連総会における安倍内閣総理大臣一般討論演説」，首相官邸，内閣官房内閣広報室，平成26年9月25日，http://www.kantei.go.jp/jp/96_abe/statement/2014/0925enzetsu.html.

安倍晋三（2014）「国際女性ビジネス会議」，首相官邸，内閣官房内閣広報室，平成26年7月13日，http://www.kantei.go.jp/jp/96_abe/actions/201407/13women_business.html.

足立祐子・鄭賢熙（2006）「語学教科書とジェンダーバイアス的な表現について」，『新潟大学国際センター紀要』，No.2, 27-42.

石川禎紀（1972）「近代女性語の語尾―「てよ・だわ・のよ」―」，『解釈』18巻9号，教育出版センター，22-27.

石田孝子（1998）「子供向け日本語教材の分析―教科書に含まれる性別役割分業の描写から―」，『JALT日本語教育論集』3, 全国学校教育学会，29-39.

伊東良徳，大脇雅子，紙子達子，吉岡睦子（1991）『教科書の中の男女差別』，明石書店．

遠藤織枝（1997）『女のことばの文化史』，学陽書房．

小川早百合（1997）「現代の若者会話における文末表現の男女差」，『日本語教育論集―小出詞子先生退職記念―』，凡人社，205-220.

小川早百合（2004）「話し言葉の男女差―定義・意識・実際―」，『日本語とジェンダー』第4号，日本語ジェンダー学会，26-39.

尾崎喜光（1997）「女性専用の文末形式のいま」，現代日本語研究会編『女性のことば・職場編』，ひつじ書房，33-58.

金丸扶美（1998）「Sexismと日本の英語教科書」，『The Language Teacher』22（5），全国語学教育学会，11-13.

河内幸子・早渕仁美（1992）「調理操作のイラスト表記　II―調理実習における実践効果―」，『福岡女子大学家政学部紀要』Vol.23, 1992, 21-28.

金　秀容（2010）「20代に見られる断定の助動詞「だ」を伴う文末表現の戦略的な使い方　―断定の女装し「だ」の「断定性」と「男性性」を中心に―」，『人間文化創成科学論叢』第13巻，お茶の水女子大学大学院人間文化創成科学研究科，49-57.

金水　敏（2003）『ヴァーチャル日本語　役割語の謎』，岩波書店．

厚生労働省（2011）「職業別就職者の構成比の推移（大学）」，『平成21年度版　働く女性の実情』，付表46-2, 2011年4月9日，http://www.joseishugyo.go.jp/jouhou/toukeihyou_h21.html.

厚生労働省（2011）「表4　性・診療科名（主たる）別にみた医療施設（病院・診療所）に従事

する医師数」,『平成22年　医師・歯科医師・薬剤師調査の概況』,（2011年12月6日公表）.

厚生労働省（2012）「(6) 雇用形態別の賃金」,『平成23年　賃金構造基本統計調査（全国）の概況』11,（2012年2月22日公表）.

厚生労働省（2012）「コース別雇用管理制度について」,『平成24年度雇用均等基本調査の概況』,7-9. http://www.mhlw.go.jp/toukei/list/dl/71-24e.pdf.

厚生労働省（2013）『平成24年　医師・歯科医師・薬剤師調査の概況』,（2013年12月17日公表），www.mhlw.go.jp/toukei/saikin/hw/ishi/12/index.html.

厚生労働省（2013）『H25年国民生活基礎調査結果の概況』,（2014年7月15日公表），http://www.mhlw.go.jp/toukei/saikin/hw/k-tyosa/k-tyosa13/dl/16.pdf.

厚生労働省（2014）『平成25年人口動態統計（確定数）の概況』,平成26年9月1日公表. http://www.mhlw.go.jp/toukei/saikin/hw/jinkou/kakutei13/dl/00_all.pdf

向後千春（1993）「ストーリー部分と学習内容部分へのマンガ挿絵の効果」,『日本教育心理学会総会発表論文集』Vol.36, 1994, 352.

国税庁長官官房企画課（2015）「民間給与実態統計調査―調査結果報告―」,平成26年9月, https://www.nta.go.jp/kohyo/tokei/kokuzeicho/minkan2013/pdf/001.pdf.

国際交流基金 & 日本国際教育支援協会（2012）「日本語能力試験公式問題集N1」,凡人社.

国際交流基金 & 日本国際教育支援協会（2012）「日本語能力試験公式問題集N2」,凡人社.

小林美恵子（1993）「世代と女性語―若い世代のことばの「中性化」について―」『日本語学』12-6, 181-192.

サウクエン・ファン監修・吉田千春（編著），武田誠，徳永あかね，山田悦子（2014）『日本語でインターアクション』,株式会社凡人社.

佐々木瑞枝（2010）「日本語の中のジェンダー表現」,2010年世界日本語教育大会にての講演原稿, 1-2.

周村論里（2009）「大学の教科書におけるイラスト利用の効果に関する研究」,『尚美学園大学総合政策研究紀要』第18号, 117-132.

鈴木英夫（1998）「現代日本語における女性の文末詞」,『日本語文末詞の歴史的研究』,三弥井書店, 139-164.

鈴木睦（2007）「言葉の男女差と日本語教育」,『日本教育』134号, 日本語教育学会, 48-57.

嶋田和子監修・できる日本語教材開発プロジェクト（2012）『できる日本語』初中級本冊, 株式会社アルク.

嶋田和子監修・できる日本語教材開発プロジェクト（2013）『できる日本語』中級本冊, 株式会社アルク.

総務省統計局（2010）「職業等基本集計」,『平成22年国勢調査』,（2012年11月16日公表）.

総務省統計局（2011）「職業等基本集計　I-B-5表　地位・職業別就業者数」,『平成23年　労働力調査年報』, 2013年3月1日閲覧, http://www.stat.go.jp/data/roudou/report/2011/ft/zuhyou/a00500.xls.

総務省（2014）『H26年度労働力調査（基本集計）平成26年9月分（速報）』H26年10月31日，http://www.stat.go.jp/data/roudou/sokuhou/tsuki/pdf/201409.pdf.

谷部弘子（2006）「『女性のことば・職場編』にみる終助詞『わ』の行方」，『日本語教育』130号，日本語教育学会，60-69.

東洋経済新報社（2009）「総合職か一般職か「総合職」を恐れないで（4）」，2009年12月26日，http://www.toyokeizai.net/life/rec_online/success/detail/AC/bd8b2ad9ddce633ca5c14fcbb25ccbe9/page/4/.

トムソン木下千尋・飯田純子（2002）「日本語教育における性差の学習：オーストラリアの学習者の意識調査より」，『日本語教育論集　世界の日本語教育』12，国際交流基金日本語国際センター，1-20.

トムソン木下千尋・尾辻恵美（2009）「ビジネス日本語教科書とジェンダーの多面的考察」，『日本語教育論集　世界の日本語教育』19，国際交流基金日本語国際センター，49-68.

内閣府（2010）「施策の基本的方向と具体的施策」，『第3次男女共同参画基本計画』第2部第1分野，2010年12月17日，http://www.gender.go.jp/kihon-keikaku/3rd/index.html.

内閣府（2014）「1. 平成25年度男女共同参画社会の形成の状況」，『平成26年版　男女共同参画白書 本編』2014年6月，http://www.gender.go.jp/about_danjo/whitepaper/h26/zentai/index.html#honpen.

中島悦子（1997）「疑問表現の様相」，現代日本語研究会編『女性のことば・職場編』，ひつじ書房，58-82.

中村桃子（2007）『『女ことば』はつくられる』，ひつじ書房.

二階堂整（2001）「ジェンダーとことば」，ダニエル・ロング・中井精一・宮地弘明編『応用言語学を学ぶ人のために』，世界思想社，83-90.

野田晴美（2002）「第8章終助詞の機能」『モダリティ』新日本語文法選書4，くろしお出版，271-273.

マグロイン花岡直美（1997）「終助詞」，井出祥子編『女性語の世界』，明治書院，33-41.

松元敬子（2005）「ジェンダーからみた中学国語教科書―教科書が伝える男女観と未来像―」，『日本語とジェンダー』第5号，日本語ジェンダー学会，61-77.

三井昭子（1992）「話し言葉の世代差―終助詞と副詞を中心に―」，『ことば』13，現代日本語研究会，98-104.

水本光美（2005）「テレビドラマにおける女性言葉とジェンダーフィルター―文末詞（終助詞）使用実態調査の中間報告より―」，『日本語とジェンダー』第5号，23-46，http://www.gender.jp/journal/no5/3_mizumoto.html.

水本光美（2006a）「テレビドラマと実社会における女性文末詞使用のずれにみるジェンダーフィルタ」，『日本語とジェンダー』，日本語ジェンダー学会編，佐々木瑞枝監修，ひつじ書房，73-95.

水本光美・福盛寿賀子・福田あゆみ・高田恭子（2006b）「ドラマに見る女ことば『女性文末詞』

—実際の会話と比較して—」,『国際論集』第4号, 北九州市立大学, 51-70.

水本光美・福盛寿賀子（2007a）「主張度の強い場面における女性文末詞使用—実際の会話とドラマとの比較—」,『国際論集』第5号, 北九州市立大学, 13-22.

水本光美・福盛寿賀子・高田恭子（2007b）「会話指導における女性文末詞の扱い」,『第六回OPI国際シンポジウム：発表論文集』, 関西OPI研究会他, 85-90.

水本光美・福盛寿賀子・高田恭子（2008）「ドラマに使われる女性文末詞—脚本家の意識調査より—」,『日本語とジェンダー』第8号, 日本語ジェンダー学会, 11-26.

水本光美・福盛寿賀子・高田恭子（2009）「日本語教材に見る女性文末詞—実社会における使用実態調査との比較分析—」,『日本語とジェンダー』第9号, 日本語ジェンダー学会, 12-24.

水本光美（2010）「主張度の高い女性文末詞使用の変遷—4世代にわたる調査分析—」『基盤教育センター紀要』第6号, 北九州市立大学, 129-149.

水本光美（2011）「日本語教師の意識調査分析—日本語教科書における女性文末詞使用に関して—」『基盤教育センター紀要』第9号, 北九州市立大学, 55-80.

水本光美（2012）「日本語教科書における日本女性像：家庭内の女性と仕事場の女性のステレオタイプ」,『基盤教育センター紀要』第12号, 北九州市立大学, 1-19.

水本光美（2013a）「日本語教科書における女性の職業：教科書分析と日本語教師の意識調査分析」,『基盤教育センター紀要』第16号, 北九州市立大学, 19-44.

水本光美（2013b）「日本語教科書におけるジェンダー：教科書の日本女性像は現代社会の実態を伝えているか」,『Language and Conceptual World View』No.45, タラス・シェフチャンコ記念キエフ国立大学, 2013年6月, 153-159.

文部科学省（2010）「高等教育機関 卒業後の状況調査 大学」,『平22年度学校基本調査』, 表81のデータ, 2010年12月22日.
　　http://www.e-stat.go.jp/SG1/estat/List.do?bid=000001028883&cycode=0.

文部科学省（2011）「高等教育機関 卒業後の状況調査 大学」,『平成23年度学校基本調査』, 表81, 2012年2月6日. http://www.e-stat.go.jp/SG1/estat/List.do?bid=000001037175&cycode=0.

文部科学省（2012）「高等教育機関 卒業後の状況調査 大学」,『平成24年度学校基本調査』, 表78, 2012年12月21日. http://www.e-stat.go.jp/SG1/estat/List.do?bid=000001044889&cycode=0.

文部科学省（2013）「高等教育機関 卒業後の状況調査 大学」,『平成25年度学校基本調査』, 表78. 2013年12月20日.
　　http://www.e-stat.go.jp/SG1/estat/List.do?bid=000001051739&cycode=0

文部科学省（2014）「高等教育機関 卒業後の状況調査 大学」,『平成26年度学校基本調査速報』, 表44. 2014年8月7日.
　　http://www.e-stat.go.jp/SG1/estat/List.do?bid=000001054435&cycode=0

文部科学省（2014）「II 調査結果の概要学校調査」,『平成26年度学校基本調査速報』, 表6, 表

11，2014 年 8 月 7 日．http://www.mext.go.jp/component/b_menu/houdou/__icsFiles/afieldfile/2014/08/07/1350732_03.pdf.

文部科学省（2014）「高等教育機関学校調査」，『平成26年度学校基本調査速報』，表16，表26，2014年8月7日．http://www.e-stat.go.jp/SG1/estat/NewList.do?tid=000001011528.

山路奈保子（2006）「小説における女性形終助詞『わ』の使用」，『日本語とジェンダー』第6号，日本語ジェンダー学会，20-29.

渡部（石田）孝子（2001）「子供向け日本語教材における性別役割分業の描写――ジェンダーフリーの教科書を目指して――」，『日本語とジェンダー』創刊号，日本語ジェンダー学会，71-84.

渡部孝子（2006）「日本語教材とジェンダ」，『日本語とジェンダー』，日本語ジェンダー学会編，佐々木瑞枝監修，ひつじ書房，95-107.

Chandler, P., & Sweller, J. (1991). Cognitive Load Theory and the Format of Instruction, *Cognitive and Instruction, Vol.8, Issue 4.* Taylor & Francis Online, 293-332.

Inter-Parliamentary Union (2014) Women in National Parliaments, 1st Ocbotber 2014, http://www.ipu.org/wmn-e/classif.htm.

Kawasaki, K., & McDougall, K. (2003). Implications Representations of Casual Conversation: A Case Study in Gender-Associated Sentence Final Particles.『日本語教育論集 世界の日本語教育』13，国際交流基金日本語国際センター，41-55.

Lakoff, R. (1973). Language and Woman's Place, *Language in Society, 2(1)*. Cambridge University Press, 45-80, http://kwcel.org/KWC_EL_2013/Extension_Material_files/Lakoff_1973-Language and Women's place.pdf

Okamoto, S. (1995) "Tasteless" Japanese Less "Feminine" Speech among Young Japanese Women, in K. Hall and M. Bucholtz. (Ed.) *Gender Articulated: Language and the Socially Constructed Self.* New York: Routledge, 297-325.

Okamoto,S., & Sato,S. (1992). Less Feminine Speech among Young Japanese Females.

In Locating Power: *Proceedings of the 2nd Berkeley Women and Language Conference*, 478-488.

Siegal, M., & Okamoto, S. (2003). Toward Reconceptualizing the Teaching and Learning of Gendered Speech Styles in Japanese as a Foreign Language, *Japanese Language and Literature, 37(1), Special Issue: Sociocultural Issues in Teaching Japanese: Critical Approaches.* American Association of Teachers of Japanese, 49-66.

参考文献

井手祥子（1997）『女性語の世界』, 明治書院.
宇佐美まゆみ（2005）「ジェンダーとポライトネス―女性は男性よりポライトなのか？―」,『日本語とジェンダー』第5号, 日本語ジェンダー学会, 1-12.
斎藤理香（2014）「『キャッチャー／ギャツビー／ティファニー』の僕／私／あたし；村上春樹の翻訳とジェンダー」,『日本語とジェンダー』第14号, 日本語ジェンダー学会, http://www gender.jp/journal/no14/03saitoh.html.
遠藤織枝（2001）『女とことば―女は変わったか 日本語は変わったか』, 明治書院.
佐々木瑞枝（2009）『日本語ジェンダー辞典』, 東京堂書店.
サラ・ミルズ（1990）『言語学とジェンダー論への問い 丁寧さとはなにか』, 熊谷滋子訳, 明石書店.
杉本つとむ（1997）『女とことば今昔』, 雄山閣出版.
泉子・K・メイナード（2001）『恋するふたりの「感情ことば」―ドラマ表現の分析と日本語論』, くろしお出版.
因 京子（2010）「ジェンダー表現の多様な意味」,『ジェンダーで学ぶ言語学』, 中村桃子編, 世界思想社, 72-88.
東京女性財団（1999）『「ことば」に見る女性』, 井手祥子監修, クレヨンハウス.
中村桃子（2001）『ことばとジェンダー』, 勁草書房.
中村桃子（2007）『〈性〉と日本語 ことばがつくる女と男』, NHK Books.
任利（2009）『「女ことば」は女が使うのかしら？―ことばにみる性差の様相』, ひつじ書房.
堀井令以知（1990）『女の言葉』, 明治書院.
堀井令以知（1994）『はたらく女性のことば』, 明治書院.
本田和子（1996）『交換日記 少女達の秘密のプレイランド』, 岩波書店.
井手祥子・遠藤織枝・鈴木睦・れいのるず・中村桃子・秋葉かつえ・他（1993）「世界の女性語 日本の女性語」『日本語学』12, 明治書院.
水本光美（2010）「テレビドラマ―"ドラマ語"としての「女ことば」『ジェンダーで学ぶ言語学』, 中村桃子編, 世界思想社, 89-107.
諸橋春樹（2009）『メディアリテラシーとジェンダー 構成された情報とつくられる性のイメージ』, 現代書館.
Cameron, D., & Kulick, D. (2003). *Language and Sexuality*. Cambridge: Cambridge University Press.
Mills, S. (2008). *Language and Sexism*. New York: Cambridge University Press.
Nakamura, M. (2014). *Gender, Language and Ideology: A genealogy of Japanese Women's*

Language. John Benjamins Publishing Company.

Saito, R. (2009). Was Women's Speech Included in the Official Language Policy of Meiji Japan? —The Case of Kōgo Bunten: Guidebooks for Spoken Japanese Grammar. *Nihongo to Jendā [The Japanese Language and Gender], vol.9*. The Society for Gender Studies in Japanese, 38-49.

Smith, J. S. (1992). Women in Charge: Politeness and Directives in the Speech of Japanese Women. *Language in Society*, 21-1. 59-82.

あとがき

　筆者が日本語教育に携わるうちにジェンダー研究に着手したのは、2004年の日本語ジェンダー学会におけるテレビドラマの中のジェンダーに関する研究発表でした。その論文が学会誌に掲載されウェブサイトにて発表されると、さまざまな反響があり、さらなる研究へのモチベーションとなりました。幸い、良き研究協力者を得ることができ、学術研究助成基金助成金を2度にわたり合計6年間受領できたことが、煩雑で労力を有するデータ収集と分析を可能にしてくれました。

　初期の萌芽研究（2005年－2007年、「メディア言語におけるジェンダー・フィルターに関する研究―テレビ放送で使用される女性言葉の観点から―」、課題番号：17652043）においては、福盛寿賀子氏、高田恭子氏、福田あゆみ氏という強力な協力者を得たことが、この研究を進める大きな力となりました。多忙な日本語教師生活の合間をぬって週末に集まり朝から深夜まで議論を交わしながら研究に邁進できたこと、大いに充実した楽しい研究活動でした。彼女らの初期の協力なくしてはその後の単独研究に繋がることはなかったし、また本書の執筆は始まらなかったでしょう。ここに心より感謝の意を表します。

　この科研費研究において得た成果を基に、さらに研究対象を拡大し次に受領した学術研究助成基金助成金（基盤研究（C）（2011年－2013年、「ジェンダーの視点から日本語教科書を再考する：社会変化を反映した教科書開発」、課題番号：2352642）によってさらなる研究を進めることができました。

　この研究においては、多くの協力者を得てなし遂げることができました。まず、自然会話やロールプレイ収集に快くご協力頂き貴重なデータを提供して下さった皆様、その協力者を多数ご紹介下さった次の方々のご厚情なくしては、この膨大なデータ収集を完成させることはできませんでした。誠にありがとうございました。

　・佐々木瑞枝先生（武蔵野大学名誉教授）
　・嶋田和子先生（一般社団法人 アクラス日本語教育研究所 代表理事）
　・サウクエン・ファン先生（神田外語大学 教授）

・細井和代先生（神田外国語大学 非常勤講師）
・石瀬麻美　様
・中川秀子　様
・田中のりこ　様
・樋口智美　様
・中村真理子　様
・水本華練　様

　また、日本国内、韓国、欧州における広範囲のアンケート調査にご協力いただいた次記学会・研究会の当時の役員および会員の皆様に、深謝致します。
　・日本語ジェンダー学会（佐々木瑞枝 当時会長）
　・日本語プロフィシエンシー研究会（鎌田修 会長、嶋田和子 副会長）
　・日本語OPI研究会（西川寛之 当時会長、神山光子 会計監査）
　・九州OPI研究会（権藤早千葉 副会長）
　・韓国OPI研究会（早矢仕智子 当時会長）
　・ヨーロッパ日本語教師会（穴井宰子 当時会長）
　・英国日本語教育学会（岩崎典子 当時会長）
　・フランス日本語教師会（東伴子 当時会長、内田陽子 当時編集委員）

　また、本書は平成26年度北九州市立大学教員出版助成金制度による助成金を得て刊行されました。貴重な出版の機会を頂き、心よりお礼を申し上げます。さらに、大学教育出版社の佐藤守社長、および編集の中島美代子さんには、大変お世話になり誠にありがとうございました。また、本書のために実に50種以上ものイラストをさまざまな異なるタッチで描いて下さったイラストレーターのウラヂカ様にも心よりお礼申します。

　最後に本書を亡き父と二人の母に捧げます。亡き父は、子供の頃から私に多大な期待を寄せてくれていました。大学を卒業したとき、「今からアメリカだ。勉強したければ留学させてやる」と励ましてくれましたが、自分の能力以上の卒業研究にほとほと疲れ果てていた私は、その時、留学は考えられませんでした。しかし、音楽大学を卒業し音楽を教え、人生でさまざまな経験をした時、縁あって日本語教育の道に入り、そしてアメリカに留学したことは、やはり父の導きが

あったのだと思います。

　両親は私が3歳の時に離婚し、私は父に引き取られ小学校のときに新しい母ができました。生みの母親とは父が心臓病で亡くなる数年前に再会しましたが、父が亡くなった後まもなくしてその母も重病にかかりました。私が、もうそれほど若くもないのに、それまでの生活をすべて捨てアメリカに留学すると言ったとき、周りのみんなが反対しましたが、その母一人が「自分の思う人生を生きなさい」と励ましてくれました。母が背中を押してくれなかったら、今の私はいなかったのです。その母もアメリカに行ってまもなくして逝ってしまいました。

　最後に一人残った新しい母は、その後は何かあった時の心の支えになってくれました。現在はこの3人の親が私を大きな愛で天国で見守ってくれているからこそ、本書を完成させることができたのだと思います。親の愛に心から感謝しつつ本書を捧げます。

　本研究の過程において、多くの方々のご支援やご協力を頂きました。すべての関係者の皆様方に改めて心より感謝申し上げます。

2015年3月連翹の花の咲く頃

北九州市立大学基盤教育センター

水本　光美

■著者紹介

水本　光美　（みずもと　てるみ）

1990 年	ニューヨーク大学教育大学院外国語教育学修士課程修了（Master of Arts）
1990 年	プリンストン大学東洋学部日本語学科にて専任講師
1996 年	ハーバード大学東アジア言語文明学部日本語学科にて専任講師
2000 年	北九州市立大学国際環境工学部準備室において留学生教育システムの構築および新キャンパス立ち上げに従事
2001 年	同大学国際環境工学部情報メディア工学科助教授（留学生日本語教育）
2006 年	同学部教授
2008 年	同大学基盤教育センターへ異動、現在に至る
2009 年-2010 年	ロンドン大学にて客員研究員

専門分野：日本語教育、言語学、社会言語学、ジェンダー、教育工学
研究領域：専門日本語、アカデミックジャパニーズ、ビジネス日本語、メディアにおける言語使用とジェンダー、ことばとジェンダー
著　書：『例文で学ぶ助動詞』（共著、佐々木瑞枝編、アルク、2002）
　　　　『日本語とジェンダー』（共著、日本語ジェンダー学会編、ひつじ書房、2006）
　　　　『ジェンダーで学ぶ言語学』（共著、中村桃子編、世界思想社、2010）
学会活動：日本語ジェンダー学会理事、九州 OPI 研究会会長、全米外国語教育審議会（The American Council on The Teaching Foreign Languages）の Oral Proficiency Interview 試験官．

ジェンダーから見た日本語教科書
― 日本女性像の昨日・今日・明日 ―

2015 年 4 月 20 日　初版第 1 刷発行

- ■ 著　　者 ── 水本　光美
- ■ 発 行 者 ── 佐藤　守
- ■ 発 行 所 ── 株式会社　大学教育出版
　　　　　　〒700-0953　岡山市南区西市 855-4
　　　　　　電話 (086) 244-1268　FAX (086) 246-0294
- ■ イラスト ── ウラヂカ
- ■ 印刷製本 ── モリモト印刷㈱

© Terumi Mizumoto 2015, Printed in Japan
検印省略　　落丁・乱丁本はお取り替えいたします。
本書のコピー・スキャン・デジタル化等の無断複製は著作権法上での例外を除き禁じられています。
本書を代行業者等の第三者に依頼してスキャンやデジタル化することは、たとえ個人や家庭内での利用でも著作権法違反です。
ISBN978-4-86429-321-1